La mouette rieuse

GENEVIÈVE BUONO
JAMES ROUSSELLE

LES ÉDITIONS CEC INC.

8101, boul. Métropolitain Est, Anjou, Qc, Canada. H1J 1J9
Téléphone: (514) 351-6010 Télécopie: (514) 351-3534

Directrices éditoriales
Louise Roy
Emmanuelle Bruno
Diane de Santis

Directrice de la production
Lucie Plante-Audy

Chargée de projet et réviseure
Anne Melançon

Conception graphique et réalisation technique

LE GROUPE FLEXIDÉE LTÉE

Illustrations
Stéphane Jorish
Le Groupe Flexidée ltée

Nos plus sincères remerciements à nos lecteurs et à nos lectrices de première heure:
Réjane Caron
Vincent Lanouette
Miguel Lazure
Andrée Roy
Geneviève Blouin
et
Geneviève Letarte pour sa précieuse collaboration.

8101, boul. Métropolitain Est
Anjou (Québec) H1J 1J9

Dépôt légal: 3e trimestre 1996
Bibliothèque nationale du Québec
Bibliothèque nationale du Canada

ISBN 2-7617-1310-9

Imprimé au Canada
1 2 3 4 5 00 99 98 97 96

La mouette rieuse

Je vous vois pareille à une mouette,
une mouette rieuse.
Vous vous riez de mon amour,
vous vous moquez de mes discours,
Et lorsque vous ouvrez les bras,
c'est pour vous envoler déjà.
Je vous vois pareille à une mouette,
une mouette rieuse.
Vous répondez à mes soupirs
par le plus cruel des fous rires,
Et lorsque vous secouez la tête,
c'est pour signifier ma défaite.

Pourtant, un soir, écoutez-moi:
Vous aurez faim, vous aurez froid,
Et vous quitterez ce chemin
Pour venir conquérir ma main.
Ce jour-là, ma mie, devinez:
Je vous aurai apprivoisée.

Mardi 14 décembre

Chère Marie,

«Chère Marie», c'est ce que j'écrirais si je t'écrivais une lettre, mais ceci n'est pas une lettre, ceci est mon journal, mon journal personnel. Alors, pourquoi ce «Chère Marie»? Bon, attends, il faut que je t'explique...

Tu sais, hier, au cours de français, Julie nous a fait lire un extrait du journal d'Anne Frank. Eh bien, c'est là que j'ai eu l'idée d'écrire mon journal. Comme Julie nous l'a expliqué, Anne Frank écrivait à une amie imaginaire, Kittie, pour lui confier ses réflexions... Alors moi, j'ai décidé que j'écrirais à Marie, une personne réelle, pour lui dire les choses que je n'ose pas lui dire, par exemple que Michel est un tricheur... Non, attends, commençons plutôt par le commencement.

Chère Marie, j'ai décidé aujourd'hui de t'écrire pour te dire que la chanson "La mouette rieuse", que Michel t'a «dédiée» vendredi devant toute la classe,

IMPOSTEUR!

eh bien, il n'en est pas l'auteur. Ce texte date d'il y a très longtemps, c'est ma mère qui me l'a dit. Pendant que je faisais mes devoirs dans la cuisine, j'ai fredonné (bien malgré moi) le maudit air qui m'était resté dans la tête, et elle a dit: «Mais c'est une vieille chanson, "La mouette rieuse"! On me la chantait souvent quand j'étais petite!»

Alors voilà, chère Marie, ce que je voulais te dire: ton beau Michel est un menteur, un imposteur. Mais ce qui me choque le plus, c'est qu'il en ait profité pour te prendre par la taille devant toute la classe et que tu l'aies embrassé pour le remercier, tout ça pour une chanson dont il n'avait même pas écrit le texte! O.K., c'était ton anniversaire, tu devais être drôlement contente de la surprise qu'on t'avait faite, le gâteau et tout, mais quand même, je trouve que tu n'aurais pas dû te laisser faire. Et puis ce texte est plutôt ridicule, avouons-le. Et que Michel ait eu le culot, par-dessus le marché, de te comparer à une mouette, je trouve ça fort. C'est vrai que tu as un petit côté moqueur, mais je t'assure que tu es bien plus belle qu'une mouette!

Ainsi, c'est comme ça, on t'offre une chanson et tu donnes un baiser? Et moi dans tout ça? Eh bien, moi aussi, chère Marie, je l'ai décidé en fin de semaine, j'écrirai quelque chose, si c'est ça qu'il faut pour te plaire. Mais pas une petite chanson niaiseuse sur un oiseau bien moins beau que toi. Non, moi, ce que j'écrirai, chère Marie, c'est un roman, rien de moins, un vrai roman avec une intrigue, un début et une fin. Et tu verras, tu l'oublieras, ton faux poète. Et j'y aurai enfin droit, moi aussi, à mon baiser.

Jeudi 16 décembre, 5 heures

Ma chère Marie,

Tout à l'heure, tandis que j'écrivais (j'essayais de trouver le début de mon roman), mon grand-père est entré dans ma chambre. C'est le père de ma mère, il s'appelle Henri et il habite avec nous depuis que ma grand-mère est morte. Je l'aime beaucoup. Il est à la fois jeune et vieux, je veux dire que malgré ses cheveux blancs il a les idées jeunes. Avant, il était professeur et il paraît que ses élèves aussi l'aimaient beaucoup.

Il m'a demandé si j'étais en train de faire mes devoirs et j'ai dit que non, j'étais en train d'écrire un livre. Il a eu l'air tout surpris et content à la fois et il a dit: «Un livre! Mais c'est formidable!» Moi, j'ai répondu: «Ouais, c'est peut-être formidable, mais c'est surtout épouvantablement difficile de raconter ce qui nous arrive dans un roman!!!» Alors il s'est mis à fouiller dans le tas de feuilles qui traînaient sur mon bureau et il a dit: «Pour quelqu'un qui trouve ça difficile, tu m'as plutôt l'air de bien te débrouiller!» Je lui ai expliqué que je n'arrivais pas à trouver le début de mon histoire, que j'avais plein d'idées, mais elles me paraissaient toutes stupides. Alors, Henri a souri en disant: «Voyons, calme-toi. Ce qu'il faut, c'est faire de l'ordre dans tes idées, les rassembler d'abord, puis les classer. Pense aux oiseaux, comment ils réussissent à faire leur nid avec de si petites brindilles.» Inutile de te dire, Marie, que ça m'a énervé, et j'ai répliqué: «Oh, je déteste les oiseaux, ce sont les animaux les plus stupides du monde, et depuis quand écrivent-ils des livres?» Mais j'ai regretté aussitôt mes paroles, je ne voulais pas faire de peine à Henri, alors je lui ai tout raconté, ton anniversaire à l'école, vendredi, et la chanson de Michel. Il a soupiré, il a ôté ses lunettes et les a essuyées avec son mouchoir (il fait toujours ça quand il réfléchit à quelque chose), et puis il a dit: «Écoute, tu n'es pas obligé de situer ton roman ici et maintenant... Tu pourrais peut-être

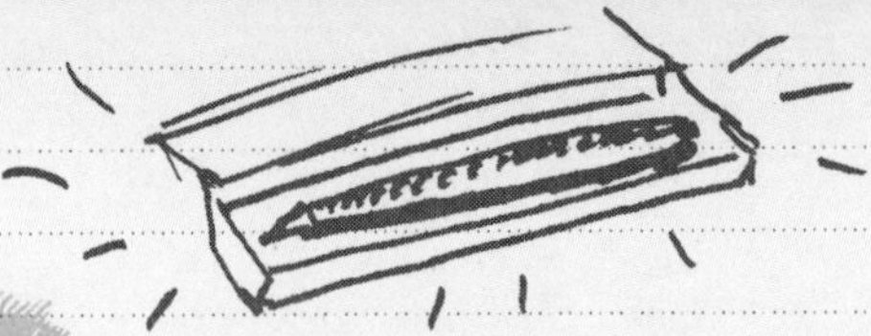

voyager dans le temps, je ne sais pas, moi... pourquoi ton histoire ne se passerait-elle pas à une autre époque, dans un autre pays, ou bien...» Et là, en voyant mon livre d'histoire sur la table, il a dit: «Tiens, par exemple, l'époque de la colonie, la Nouvelle-France, ça pourrait être intéressant!» J'ai répondu immédiatement: «Ah non, c'est bien trop difficile, et puis c'est ennuyant, toutes ces vieilles histoires de Maria Chapdelaine...», mais Henri m'a interrompu d'un ton fâché: «Si, par-dessus le marché, tu situes Maria Chapdelaine à l'époque de la colonie, où allons-nous, mon Dieu, ou plutôt, où t'en vas-tu, toi, mon petit-fils? Je ne savais pas que tu étais si mauvais en histoire!»

Alors, il s'est passé quelque chose de spécial. Mon grand-père a quitté ma chambre, l'air énervé, et il est revenu cinq minutes plus tard en souriant. Il a refermé la porte derrière lui et il a sorti une petite boîte de sa poche, qu'il m'a tendue en disant: «Tiens, Pierre, c'est un cadeau que je te fais.» Alors, chère Marie, j'ai ouvert la boîte délicatement, et sais-tu ce qu'il y avait dedans? Couchée sur un petit matelas de velours rouge, il y avait là une belle plume bleu nuit toute brillante, tu sais, une plume pour écrire, à l'ancienne? «Elle est à toi», a dit Henri d'un ton solennel. Je lui ai demandé d'où elle venait, et il a dit qu'il l'avait eue de son grand-père et qu'il fallait que j'y fasse très attention. Il a alors sorti une petite bouteille d'encre noire de son autre poche et il a ajouté d'un ton mystérieux: «Surtout, n'écris pas n'importe quoi avec cette plume.» Il a quitté de nouveau la chambre et j'ai voulu tout de suite me mettre au travail, mais je n'en ai pas eu le temps, ma mère a crié pour que je descende souper immédiatement.

Jeudi, 9 heures du soir

Chère Marie,

Je t'écris ces quelques mots avant d'aller me coucher. Pour te dire que j'ai enfin trouvé le titre et l'idée de mon roman. Tout à l'heure, après le souper, je suis vite remonté m'asseoir à mon bureau, j'ai ouvert mon encrier et j'ai trempé ma nouvelle plume dedans, et je peux te dire que la page n'est pas restée blanche bien longtemps. Mon grand-père doit être magique... à moins que ce ne soit la plume! En tout cas, voici comment se présente mon projet, qui s'intitulera, tiens-toi bien: Marie et les pirates. Je raconterai une traversée en bateau dans le temps de

la Nouvelle-France, et durant ce voyage, bien sûr, il y aura toutes sortes de péripéties, des bons et des méchants, et même une très belle fille du nom de... Marie, enfin, je ne devrais peut-être pas te dire ça, mais bon... Et maintenant, regarde, je peux même imaginer la couverture de mon livre, qui sera bleue, d'un beau bleu comme la mer.

Marie et les pirates

un roman de Pierre Bellerose

Éditions de la Mouette

Marie et les pirates

Il fait doux, en ce précoce printemps de l'an de grâce 1671. Nous sommes à Dieppe, en Normandie. Poussée par la brise du soir, une flottille de pêche rentre au port. Amarrée un peu à l'écart, *La Bonne Nouvelle* scintille de ses dorures et de ses bois vernis dans les feux du soleil couchant. La frégate est à la veille d'un grand jour: elle s'apprête à traverser l'Atlantique. Oui, vous avez bien lu. Demain, on appareille pour le Nouveau Monde.

Est-ce pour cette raison que la figure de proue, une monumentale sirène aux cheveux dénoués, semble narguer les curieux venus exprès pour l'admirer? Tout en elle, de l'expression énigmatique des paupières baissées à la moue dédaigneuse qui orne sa lèvre, oui, tout en elle semble dire: «Je m'en vais... Vous restez, et moi je pars... Qui sait quand je reviendrai?» Mais pour l'instant, *La Bonne Nouvelle* se balance doucement tandis que, sur le pont principal, s'affairent des silhouettes qui, depuis la fenêtre de l'auberge, ne paraissent guère plus hautes que le doigt.

Une trentaine de personnes sont installées à l'enseigne du Père-Poulard, autour d'une immense table de chêne. Ce sont les futurs voyageurs. Les femmes portent de longues robes grises et des coiffes de coton blanc, et leurs compagnons arborent tous un gilet noir sur des caleçons sombres. Le repas a commencé par de somptueuses omelettes au lard, arrosées de cidre bouché, qui ont arraché aux convives des acclamations.

Ces convives, on remarque qu'ils ont les yeux brillants, la mine fière, le visage rayonnant, comme s'ils partageaient un secret. Oui, en vérité, de cette assemblée se dégage quelque chose de gai, de vivant, et la cause n'en est pas seulement le bon cidre qui circule en toute liberté. Ces hommes, ces femmes, et même les quelques gamins accrochés aux jupes de leurs mères, sont animés de la même flamme.

On apporte maintenant les viandes, une dizaine de poulardes enfilées à la queue leu leu sur une seule broche, et ni l'entrain ni l'appétit de ces gens ne faiblissent... Serait-ce l'effet de la brise marine? Ce zéphyr qui, en cet instant, fait doucement gîter *La Bonne Nouvelle*, est-ce lui qui a ainsi aiguisé leur faim et leur joie?

Je sais ce qui vous vient à l'esprit: une pareille idée, c'est du vent... Eh bien, vous auriez tort de penser cela. Le vent, le vent du large, puissant, fort, généreux, va les conduire au-delà de cette côte, vers des terres lointaines, des terres encore inhabitées, où les attend un avenir chargé de promesses.

Riche de promesses, certes, mais après un long voyage, une route ô combien fertile en dangers! Ne raconte-t-on pas que, dès le mois d'avril, des montagnes de glace se décrochent de la banquise? Oui, ces icebergs, qui dérivent à l'aveuglette, sont autant de menaces de mort pour les navires. Et si elle présente aujourd'hui un visage paisible, qui peut affirmer que demain, cette mer n'aura pas la fantaisie de se muer en la plus terrible des mégères et, d'une vague magistrale, d'envoyer par le fond *La Bonne Nouvelle* et ses passagers? Ne parlons pas des maladies, de ces souffrances inconnues que mentionnent les navigateurs qui ont déjà fait la traversée! Oublions aussi les pirates, dont on dit qu'ils infestent les mers! Allons, allons, n'y pensons plus, ne gâchons pas cette joie qui, aux quatre coins de l'auberge, rayonne et, pour l'instant, rend les voyageurs invulnérables.

– N'est-ce pas que cette viande est savoureuse? demande l'un d'eux à sa voisine.

C'est un jeune homme frêle dont les cheveux sombres descendent jusqu'aux épaules. Il s'appelle Pierre. Deux mèches blondes se sont échappées de la coiffe de la jeune fille, et Pierre s'amuse à les voir se balancer contre les joues de sa jolie voisine. Celle-ci se prénomme Marie. Elle porte une jupe de lainage à fronces à la taille et une blouse blanche qui lui dégage le cou, qu'elle a fin et délicat.

– Je suis d'avis que, même à Chantilly, chez le prince de Condé, on n'en sert pas de plus tendre, reprend Pierre.

– Le prince de Condé? demande Marie.

- Je conduis vers les nouvelles terres un poulain et deux de ses poulinières.

À cette annonce, les yeux de Marie se mettent a briller de curiosité.

- Elles sont au pré, ajoute Pierre, voulez-vous les voir?

Il se lève, entrouvre l'un des battants de la lourde porte de l'auberge. Deux chevaux sont là, occupés à brouter l'herbe grasse d'avril. Un peu plus bas, un poulain folâtre sous les pommiers. Au grincement de la porte, l'une des bêtes réagit. C'est une menue jument blanche avec une longue mèche noire sur le front. Elle s'ébroue avec bruit, puis dresse la tête d'un air intrigué.

- Ah, elle vous a reconnu, dit Marie.

- Disons qu'Émeraude m'a flairé, dit Pierre. Vous savez, les chevaux ont la vue plutôt basse.

Il fait un signe de tête à la jeune fille:

- Venez avec moi, je vais vous la présenter.

Les voilà au pré. Grenadine et son petit restent à l'écart, mais Émeraude s'avance vers eux, la crinière dans le vent.

- Ne craignez rien, dit Pierre à Marie qui a eu un mouvement de recul.

Il glisse une croûte de pain dans la main de la jeune fille et il lui montre comment la donner à Émeraude.

Marie hésite, mais Pierre insiste:

- Mettez la main bien à plat, regardez, faites comme moi.

Un peu crispée, Marie suit les instructions, et Émeraude a tôt fait de tout engloutir.

- Voulez-vous la monter? propose Pierre.

Sans attendre la réponse de Marie, il la saisit par la taille et l'installe en amazone sur le dos d'Émeraude.

Pendant qu'ils font le tour du pré, un jeune homme qui était sur le seuil de l'auberge se décide à entrer. Il porte une cape brune et, en bandoulière, l'étui de cuir sombre des musiciens d'archet. Il évalue l'assemblée d'un coup d'œil circulaire et, avisant des places libres, il se glisse devant le couvert de Pierre dans un mouvement reptilien.

Pierre et sa nouvelle amie s'apprêtent à regagner la table. Lorsqu'il aperçoit l'intrus, Pierre ne peut retenir un mouvement d'humeur:

- Cher monsieur, vous êtes assis à ma place, et cela m'ennuie.

Le jeune homme marmonne un mot d'excuse et se glisse un peu plus loin sur le banc de bois, à côté de la tante de Marie, une femme toute vêtue de noir.

- J'espère que vos chevaux supporteront le voyage, dit la tante d'un ton aigre à l'intention de Pierre.

Le nouveau venu lève la tête d'un air surpris et demande:

- Un voyage? Êtes-vous en partance pour l'étranger?

- Oui et non, répond finement Marie. Nous quittons cette France-ci, mais pour atterrir sur une autre France.

- Une autre France? insiste le jeune homme.

- Une nouvelle terre, riche et belle. Elle met toutes ses espérances en ces nouveaux Français qui s'en viendront la servir et l'aimer, précise Pierre.

Le jeune homme s'étonne:

- Voulez-vous dire que vous, mademoiselle, vous allez prendre les armes à la gloire de notre bon roi Louis le quatorzième?

- S'il le faut, je le ferai. Mais présentement mon dessein n'est pas de guerroyer. Il y a tant de choses à faire... Sur ces nobles terres, la tâche ne manque pas à qui souhaite se rendre utile.

- Quant à moi, qui ai fait vœu d'exercer là-bas mon métier de soigneur de chevaux, je suis bien certain de ne jamais le regretter, dit Pierre.

Puis il ajoute:

- Il m'est avis que la liberté a un goût que rien n'égalera jamais.

- Ah, la liberté! reprend l'homme.

Et tandis qu'il avance la main vers la corbeille de pommes, Pierre remarque qu'il porte un anneau d'argent à l'annulaire.

On apporte une nouvelle tournée de cidre.

- Allons, Marie, chante-nous une chanson, demande la tante à la jeune fille.

Intrigué, Pierre lève la tête.

- Elle en connaît plusieurs, annonce fièrement la tante à la cantonade.

L'effet est immédiat chez les convives. «Une chanson, une chanson», se mettent-ils à scander en martelant du talon le sol de terre battue.

Marie ne se fait guère prier. D'une voix aussi limpide que celle de la rivière Chambly - mais Marie et la rivière Chambly ne feront connaissance que bien plus tard -, elle commence *La Complainte du roi Renaud*.

Au deuxième couplet, l'étranger sort son instrument - un violon de belle facture - de son étui et commence à tirer l'archet en sourdine.

Les sonorités de la voix et de l'instrument se mêlent merveilleusement. Les yeux mi-clos, la tante joint les mains et murmure:

- Comme c'est beau! On se croirait à un mariage.

La chanson est grave et triste. Comme le ferait un vaisseau sur un écueil, la voix de Marie se brise sur les dernières paroles et l'assemblée entière observe un silence recueilli.

Enhardi, l'étranger se permet de rompre le silence:

- Et maintenant, aimeriez-vous que je vous chante une belle chanson d'amour?

À cette idée, la tante prend un air revêche, mais tous les autres convives applaudissent, excepté Pierre.

Durant les dix couplets que dure *Aux marches du Palais*, le chanteur ne détache pas ses yeux du visage de Marie, ce qui déplaît profondément à Pierre.

La terre, la bonne terre de France, n'est plus qu'une mince ligne embrumée, un mirage à l'horizon. De part et d'autre du sillage du navire, d'étranges tableaux vivants s'improvisent. Des goélands argentés viennent parfois plonger dans les remous, au grand amusement de Pierre, qui ne se lasse pas de ce spectacle. Le jeune homme pense à la soirée de la veille, à la voix de Marie, tellement émouvante lorsqu'elle reprenait «Ah, dites-moi, ma mère, ma mie...». Le violoniste, Pierre le chasse de ses souvenirs sans effort. D'ailleurs, qui se soucierait de lui, à l'heure qu'il est? Une chose est claire: on n'entendra pas parler de lui de sitôt à bord de *La Bonne Nouvelle* !

Pierre ferme les yeux, puis les rouvre. Dans les vagues sculptées par le vent, il lui semble reconnaître le bleu profond des yeux de Marie.

Tout à coup, il perçoit un mouvement léger: un oiseau de mer, une mouette, toute jeune encore car sa taille ne dépasse pas celle d'une main d'enfant, s'est posée à côté de lui. Soucieux de ne pas l'effaroucher, Pierre se garde bien d'esquisser le moindre geste. Soudain, l'oiseau tourne la tête,

l'observe une seconde, puis ouvre les ailes et, dans un petit cri rauque, prend son envol. Mais la mouette ne s'enfuit pas vraiment: elle se contente d'atterrir sur le pont, pas très loin de lui.

Pierre part à la recherche des quelques miettes oubliées au fond de ses poches. Il les rassemble dans sa main droite, qu'il abaisse très lentement vers la mouette. Elle fait mine de ne pas le voir. Le haut du corps raidi, il s'accroupit, esquisse un premier pas au ralenti, puis se fige.

Voilà l'oiseau à portée de sa main. Sans tourner la tête, Pierre chuchote: «Mouette, mouette.» Il la voit frissonner de toutes ses plumes, il attend qu'elle se calme, puis reprend: «Mouette, mouette.» Avec une infinie lenteur, il avance vers le bec le festin de miettes. Cette fois, elle ne s'envole pas. Il attend, pétrifié, et elle lui lance un regard surpris.

Marie paraît sur le pont, talonnée par sa tante. D'un geste impérieux, Pierre leur recommande la plus grande discrétion.

L'oiseau va-t-il s'envoler? Non, il se décide à explorer la main de Pierre. Déjà, celui-ci sent les picotements du bec sur sa paume et veille à ne pas bouger. Instant unique, magique. Il murmure «Mira, jolie

Mira» et glisse tendrement son index sur la petite tête douce. Il répète «Mira, Mira». Elle becquette le tas de miettes, lève la tête. Il lui sourit, demande: «En veux-tu d'autres? Quelle gourmande tu fais, tu as tout mangé!»

Émerveillée, Marie n'a rien perdu de la scène. Pierre lui fait signe de ne pas bouger. Là-bas, au château, il a souvent apprivoisé des pigeons sauvages, devenus par la suite des messagers du prince. Aussi, Pierre le sait bien: un mouvement brusque, et tout serait perdu.

Mais quelqu'un traverse le pont d'un pas vif, s'écrie «Mouette à tribord» et - ô miracle! - Mira se blottit dans la main amie. Ce quelqu'un n'est autre que le musicien que Pierre ne s'attendait pas à retrouver à bord. Dans un large sourire, le musicien annonce:

- Bonjour, mes amis! Connaissez-vous la bonne nouvelle? J'ai eu envie, moi aussi, de découvrir le Nouveau Monde, et je suis des vôtres.

- Quelle belle idée! dit Marie. Nous allons voyager en musique.

- On ne peut pas passer sa vie à chanter, riposte la tante.

- La vie, non, rétorque Marie. Mais, ainsi, la traversée nous paraîtra moins longue.

- Moi, je ne m'ennuyais pas, soupire Pierre, que personne n'entend.

«Allons, il ne sert à rien d'être jaloux», se répète Pierre ce soir-là.

Il se glisse sous le manteau qui lui sert de couverture, en ayant soin de ne pas réveiller ses compagnons, allongés à ses côtés sur de simples bottes de paille.

«La jalousie est un monstre hideux qui ne sait que gâcher la vie des gens et des oiseaux», murmure-t-il à l'intention de Mira en lui effleurant le col du menton.

Tout à l'heure, lorsque Michel, le musicien, est apparu sur le bateau, Pierre a bien remarqué une expression de joie chez Marie. De joie mêlée de malice... Peut-être était-ce un effet du soleil éblouissant dans les yeux changeants de la jeune fille?

Pierre se tourne, se retourne sur sa couche.

Au château, il lui arrive de prendre la plume. Dans la journée, il n'a guère ce loisir. En revanche, les moments où il n'arrive pas à dormir sont favorables à son divertissement secret. Oh, il ne compose pas de vers, il n'aurait pas cette prétention! Non, il tient une sorte de journal dans lequel il raconte les jours de sa vie, les rencontres qu'il fait, et la peine que lui donne ce métier difficile. La peine, mais aussi les moments de bonheur. Avec Émeraude, par exemple, il n'a jamais eu de problèmes: «Elle est douce comme un mouton», a-t-il coutume de répéter. Mais pour Grenadine et les autres, il en va tout autrement. C'est que les écuries de Chantilly sont immenses! On y dénombre plusieurs centaines de chevaux, des bêtes magnifiques mais rarement dociles. Des bêtes que le musicien serait bien incapable de dresser!

Pierre se lève, quitte le dortoir. Face à lui se trouve l'escalier terriblement raide qui conduit au pont supérieur. Mais Pierre ne l'emprunte pas. Non, il préfère pousser la porte de l'écurie. Dans la chaleur d'Émeraude, Pierre se sent mieux, il est chez lui. Il saisit la plume, la plonge dans l'encrier. Un poème pour Marie!... Imaginer le sourire de la jeune fille suffit à l'inspirer, déjà des images lui viennent...

Des mots, des mots qu'il n'imaginait pas, comme un secret qu'il détiendrait sans même le savoir, lui viennent, ils tombent comme autant de gouttes d'encre. «Mon Dieu! se dit Pierre, comment est-ce possible?» Il écrit, puis s'arrête, jette un coup d'œil curieux sur le papier, soupire: «Mais c'est beau!»

Pris d'un brusque désir d'air pur et de nuit étoilée, Pierre quitte l'écurie et gagne le pont.

* * *

Les brumes matinales se défont délicatement au-dessus d'une mer paisible. Pierre s'est endormi sur un paquet de cordages, Mira blottie contre sa joue. Le duvet de la mouette est léger et soyeux, tout comme doit être légère et soyeuse la chevelure de Marie. Pierre évolue dans un océan de chaleur et de tendresse, lorsque le hurlement de la vigie crève le silence:

- Alerte à bord! Navire pirate en vue!

Réveillé en sursaut, Pierre est debout en une seconde. Hélas, ce qu'il aperçoit sur la mer n'est pas un rêve. Il a beau se frotter les yeux, le vaisseau à tête de mort en train de fondre, toutes voiles dehors, sur *La Bonne Nouvelle* ne disparaît pas. Bien au contraire, il progresse vers la frégate à une vitesse folle. Ayant émergé en toute hâte de ses appartements, sa longue-vue pointée vers le navire ennemi, le capitaine Bellerose s'entretient à voix basse avec son second, un jeune lieutenant nommé Duval.

Duval s'incline, claque des talons et se tourne vers ses hommes, qui affluent sur le pont:

- Branle-bas de combat! lance-t-il d'une voix forte que Pierre ne lui connaissait pas.

Les marins semblent pris d'une incroyable frénésie. On s'affaire autour des bouches à feu, on fourbit les mousquets, on va chercher dans la cale obus et barils de poudre.

- Vite! hurle le capitaine à intervalles rapprochés.

Soudain, à quelques encablures à peine, le canon des pirates se fait entendre.

Refoulés dans le dortoir sur ordre du capitaine, Pierre et les autres voyageurs entendent un fracas épouvantable. *La Bonne Nouvelle* subit le choc d'un premier boulet qui tue sur le coup le servant du mortier numéro un et met hors service le canon lui-même.

Un deuxième projectile manque de peu le vaisseau dont il égratigne le flanc de bâbord, heureusement sans grands dommages. On tente de répondre aux flibustiers de la même façon, mais déjà leur navire, équipé tout exprès pour la course, monte à l'abordage. Une première vague de pirates déferle sur le gaillard d'avant, bientôt suivie d'une autre qui se rue dans l'escalier.

Partout les hommes s'affrontent, qui à l'arme blanche, qui au pistolet, et le chef des pirates, un géant barbu coiffé d'un immense feutre noir, s'en donne à cœur joie: chaque fois qu'un homme à l'agonie chute sur le sol, il lance un hurlement destiné sans doute à encourager ses troupes.

Avec la souplesse d'un félin, un premier pirate a atterri au pied de l'escalier. C'est un homme jeune et mince, dont l'œil gauche s'orne d'un bandeau de coton rouge. De chacun de ses deux pistolets, il met en joue les voyageurs terrorisés, puis, d'un mouvement du poignet, il leur fait signe de regagner le pont.

Sur le pont, la bataille est loin d'être terminée.

Pierre, qui, bien que désarmé, a formé un écran devant Marie et s'apprête à donner sa vie pour elle, voit son élan coupé net par la vision terrifiante qui s'offre à lui: le chef des pirates met en joue le capitaine Bellerose et demande:

– Vous rendez-vous, oui ou non?

Comme Bellerose ne répond pas, l'autre l'abat à bout portant.

Un frémissement parcourt la masse horrifiée des passagers. Amélie, une petite fille âgée de trois ans à peine, commence à hurler.

- Silence! crie le chef.

Le lieutenant Duval, dont le visage et le pourpoint sont maculés de sang, fait un pas en avant et dit:

- Prenez ma vie, mais épargnez ces gens, tous bien honnêtes et courageux dans leur intention de peupler notre Nouvelle-France.

- Vous croyez-vous en mesure de poser des conditions? s'entend-il répondre dans un ricanement sinistre.

La minute qui suit paraît bien plus longue qu'un siècle, puis le chef des pirates continue, prenant la foule à témoin:

- Je lui laisse la vie pour ce jour. Qu'il en profite bien car personne ne sait de quoi demain sera fait.

Il étend son bras, que prolonge un sabre étincelant, vers la tête de Duval et les femmes se voilent le visage des mains. Ceux qui ne les imitent pas voient le barbare décrocher délicatement la perruque de Duval, qui décrit une parabole au-dessus des têtes avant de plonger par-dessus bord. Devant ce coup d'éclat, les flibustiers applaudissent longuement. Fier de son succès, le chef reprend:

- Quant à ce jeune homme, qu'on le conduise aux fers et qu'il s'estime heureux. Aujourd'hui, il aura au moins appris quelque chose: je n'aime pas les perruques.

Puis, d'un geste ample, il se découvre, exhibant un crâne où pas un seul cheveu ne pousse.

Ravi de son effet, il s'adresse de nouveau à la foule des prisonniers:

- Vous voici mes hôtes à présent! Allons, rendons justice à la politesse, votre tour est venu de vous présenter.

L'homme au bandeau rouge s'est glissé parmi les voyageurs. D'une bourrade, il contraint le père d'Amélie à s'incliner devant son chef. Puis, chacun son tour, les prisonniers s'avancent et déclinent leurs mérites.

Au passage de Michel, le chef s'exclame:

- Toi, le musicien, tu restes à mes côtés. Sache que tu as beaucoup de chance: je te laisserai la vie sauve aussi longtemps que j'entendrai sonner ton crincrin.

À ces mots, une pâleur mortelle envahit les traits de Michel. Pierre, qui a tout entendu et qui, atterré, n'avance pas assez vite au gré du bandeau rouge, est gratifié d'un coup de poing tandis que le chef s'esclaffe:

- Soigneur de chevaux! Je n'ai que faire de tes services!

Le tour de Marie est venu. Mais la jeune fille a décidé que, quoi qu'il advienne, elle ne desserrerait pas les dents.

- Serais-tu muette, ma belle? Je suis certain que non. Allons, fais-nous entendre ta jolie voix.

Les mains liées dans le dos, Pierre, que l'on pousse vers la cale, ne quitte pas la scène des yeux. D'un mouvement sec, le scélérat dirige son arme vers la tête de la jeune fille. Pierre ne peut retenir un cri d'effroi.

De la pointe de son sabre, le chef décroche la coiffe de Marie. Pierre aperçoit un flot de cheveux plus dorés qu'une aube sur la mer et il entend un ordre glapi à son intention:

- Qu'il soit séparé des autres et conduit à l'écurie!

Malgré l'injonction de sa tante, Marie n'a toujours pas ouvert la bouche.

Elle saisit les mains de l'adolescente et les présente à la lumière en déclarant:

- Ma nièce a des doigts de fée, elle exerce la profession de brodeuse.

Sans doute les doigts délicatement fuselés attendrissent-ils le vieux flibustier, car il déclare:

- Allons, je te garde avec moi. Tu broderas les nappes et les draps de mon trousseau. Il est grand temps que je m'en occupe!

Et il éclate d'un rire satanique, avant d'ajouter:

- Quant aux autres, qu'ils aillent au diable!

S'étant tourné vers ses hommes, il reprend:

- J'ai bien droit à une petite fête, sacrebleu! Toi, le violoniste, tu as intérêt à t'agiter si tu tiens à la vie!

* * *

Sur la paille, prostré contre le ventre d'Émeraude, sa jument préférée, Pierre écoute la voix grêle du violon et se morfond. La fête - s'il est possible de donner un si joli nom à une telle débauche - bat son plein. On embroche des chapons que l'on met à rôtir, on découpe des jambons de Bayonne, on perce des tonneaux de vin de Bourgogne et *La Bonne Nouvelle* résonne de jurons et d'affreuses chansons de pirates.

Ce voyage, qui a si bien commencé, ce voyage fertile en instants de bonheur, voilà qu'il prend la tournure la plus abominable qui soit. La veille, lorsque Pierre rédigeait sa chanson ou bien lorsqu'il apprivoisait Mira, l'entraînant à voler vers Marie, qui aurait pu penser à un avenir aussi terrible? Imaginer son amie là-haut, au sein de cette horde de brutes, met Pierre au bord de la folie.

Une idée, si seulement il avait une idée pour la tirer de ce mauvais pas... Mais non, horrible obsession, la ritournelle du violon lui martèle la tête et il ne trouve rien!

C'est alors que, surgissant de l'unique sabord demeuré entrouvert, une petite boule de plumes vient se poser sur son épaule.

«Mira, s'exclame Pierre bouleversé, c'est bien toi, ma jolie, ma fleur, ma colombe! Mira!»

Et il ne peut empêcher quelques larmes brûlantes de jaillir de ses jeux.

«Ah, ma belle, tu ne le sais pas, mais tu as bien de la chance! Tu es libre et tu peux aller voir Marie! Que devient-elle, Marie? Mon Dieu, si je pouvais m'envoler comme toi pour la rejoindre, ce serait tellement merveilleux! Mais d'abord, je réduirai en bouillie ce monstre, cette bête féroce, ce loup-garou abject...»

Tandis qu'il bécote la tête de son amie, Pierre se souvient de la pochette que Jonathan, l'écuyer personnel du prince, lui a confiée au moment du départ. Jonathan a dit:

- Tu sais, votre voyage durera plusieurs semaines, et voici venue, pour les bêtes, la saison des amours. Émeraude et Grenadine pourraient bien s'énerver quelque jour. Aussi je te confie ce somnifère, il te sera fort utile en cas de grande impatience.

Le somnifère! Mais il lui suffit de tendre le bras!

Pierre se rétablit, puis il dégage du bout des doigts la pochette brune qu'il a calée sous la pierre à sel, dans la mangeoire d'Émeraude.

Le poing refermé sur le sachet de somnifère, Pierre tourne comme un fauve en cage sous l'œil curieux d'Émeraude. À quoi cette poudre peut-elle bien lui être utile s'il ne réussit pas à la faire parvenir aux autres?...

Tendant vers lui son long col de neige, Émeraude entreprend de lui lécher les mains. Tout d'abord, il ne peut retenir un mouvement d'humeur: «Allons, ma belle, laisse-moi! Je n'ai pas envie de jouer, à présent.» Puis, comme elle se fait insistante, il lui présente ses poignets meurtris et part à la recherche des dents de la jument. Émeraude n'est pas longue à comprendre ce qu'il attend d'elle: une minute lui suffit à ronger les maudits liens.

Libre! Il a les mains libres! Promptement, il tire de la poche de son gilet cette plume qui ne le quitte jamais et, après avoir saisi son nécessaire, il rédige d'une écriture minuscule le message suivant:

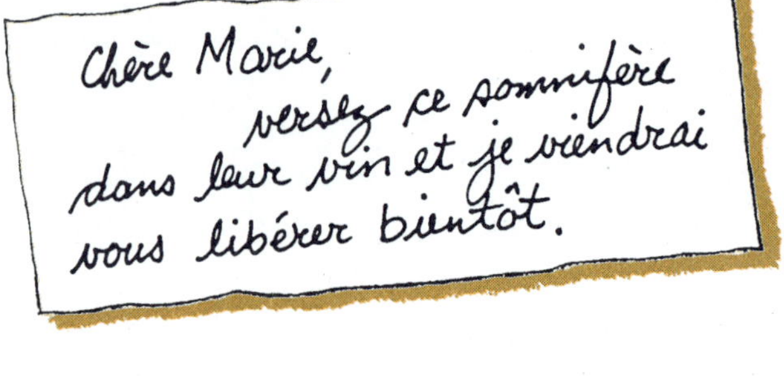

Puis il roule le message, le place à l'intérieur du sachet qu'il fixe sur la gorge de Mira. La prenant dans le creux de ses mains, il chuchote la phrase habituelle: «Vole, ma Mira, vole vers elle.» Son cœur battant la chamade, il la voit disparaître à travers le sabord.

Il ne lui reste plus qu'à s'échapper de là, mais, bah! cette petite porte vermoulue ne résistera pas longtemps aux coups de sabot d'Émeraude.

* * *

Chez Marie, l'exaspération a succédé à la peur: ces assassins en proie à l'ivresse ne font que l'écœurer. Le prince ayant engagé une part de ses biens personnels pour soutenir la colonie naissante, il se trouve que les pirates ont fait main basse sur un butin considérable, pour lequel ils n'ont aucun égard. Marie est consternée par le gâchis qu'elle observe: on s'asperge de parfums précieux, on piétine des étoffes de brocart, on manipule sans délicatesse les porcelaines les plus fines avant de les fracasser sur le sol, juste pour rire. Marie n'a pas envie de rire, mais pas du tout. À sa parente qui se répand en lamentations à ses côtés, elle ne cesse de répéter:

- Allons, ma tante, nous voilà en vie, ce qui, vu les circonstances, est miraculeux. Au lieu de nous plaindre, ne vaudrait-il pas mieux chercher un moyen de nous tirer de ce mauvais pas?

De l'autre bord, accaparé par la musique dont le fil ne se rompra qu'au prix de sa vie, Michel adresse parfois à Marie des regards penauds.

Tout à coup, Mira paraît au-dessus de la tête de la jeune fille. Profitant du fait que le chef des pirates est occupé à déboucher une sixième fiole de ce vin de Bourgogne dont il raffole, elle détache de la gorge de l'oiseau ce qu'elle pense être un message. Quelle surprise, elle sent sous ses doigts un petit sac de toile!

Pendant ce temps, Michel, au désespoir, est à la recherche d'un air susceptible de satisfaire le chef, qui lui tourne autour comme le fait une buse avec sa proie.

Marie défait le lacet, saisit le billet qu'elle lit avidement.

- Ma tante, séchez vos larmes et surtout ne dites rien, chuchote Marie.

Michel, qui a épuisé le répertoire des mélodies connues, en est à improviser un air. Il s'éclaircit la gorge et annonce:

- En votre honneur, une musique que personne n'a jamais entendue. À l'instant où l'autre s'esclaffe, claquant des deux mains ses cuisses énormes, Marie verse l'intégralité du somnifère dans la fiole de vin.

- Pas mal, pas mal du tout, grogne le chef. Regarde, mon petit, je bois à ta santé.

Et il avale goulûment le contenu de la fiole.

Une minute plus tard, Marie le voit s'abattre sur le plancher avec un bruit sourd. Vive comme l'éclair, elle s'empare de ses pistolets et, d'une voix ferme, ordonne aux pirates:

- Jetez vos armes à mes pieds. Le premier qui bronche est un homme mort.

Pendant que les bandits s'exécutent, elle fait signe à Michel de les ligoter.

Personne n'a pensé à faire le compte des forbans. Personne, ni Marie, ni sa tante, ni Michel, n'a la moindre pensée pour le bandeau rouge, qui ne figure pas parmi les prisonniers. Quelle erreur! Lui n'oublie jamais rien ni personne.

Installé à l'écart des autres pour cuver son vin - c'est un solitaire, le bandeau rouge -, le voici qui, le sabre au clair et une dague glissée entre les dents, serpente entre les voilures. Marie, qui met en joue tout ce joli monde, ne peut pas deviner qu'elle va être la proie d'un chat de gouttière redoutable.

Pierre débouche sur le pont alors que l'autre n'est plus qu'à trois pas de la jeune fille ... à deux pas maintenant ... et déjà il lève son arme, plus effilée qu'un rasoir, et il s'apprête à la poser sur le cou délicat.

- Attention! s'écrie la tante.

Marie se retourne et hurle à son tour. Mais Pierre a pris son élan et plongé sur le forban, dont il saisit les chevilles à pleines mains. Avec un bruit sourd, l'autre s'effondre, la face contre le sol. Dans sa chute, le sabre vole à une grande distance, mais l'homme conserve la dague, qu'il fait passer dans sa main droite. Il se débat, et Pierre a bien du mal à le plaquer au sol.

- Vite! crie Marie à l'adresse de Michel, qui n'en finit pas de ligoter le dernier pirate, un solide gaillard qui ne se laisse pas faire.

Pierre sent que le gredin lui échappe. D'un coup de rein, celui-ci réussit à se dégager. Il avance son visage qu'éclaire un sourire mauvais: voici Pierre et le bandeau rouge face contre face.

- Les chats, comme les tigres, retombent toujours sur leurs pattes, grince-t-il.

Puis il ajoute:

- Faisons connaissance. Mon cher, le Chat te présente ses mortelles salutations.

Avec une violence inouïe, il pousse la dague vers la poitrine de Pierre qui, d'un mouvement d'épaule, réussit à l'esquiver. L'autre éclate d'un rire cruel:

- J'aime qu'on me résiste. Un combat, c'est comme un chapon de Normandie, ça se déguste, et je vois que Monsieur est un amateur.

Pendant qu'il finissait sa phrase, Pierre s'est rétabli. D'un bon coup de pied, il envoie voler la dague à l'autre extrémité du pont.

– Fils de chien, tu vas mourir! hurle l'autre.

Et il plonge sur Pierre, qui le reçoit en pleine poitrine.

Michel vient à peine de terminer son œuvre, et la voie est enfin libre pour Marie. Mais, face aux deux hommes emmêlés à ses pieds, les pistolets ne lui sont d'aucune utilité.

L'empoignade semble ne jamais devoir cesser, tant les coups redoublent de part et d'autre. Les deux hommes ont roulé sur le sol, et chacun semble avoir le dessus à tour de rôle.

Soudain, le rustre saisit l'adolescent à la gorge. Pierre sent l'air se raréfier, il se débat sous le terrible étau qui le tient de plus en plus serré. Les deux combattants progressent sur le sol sans se lâcher. Tout à coup, le sol se dérobe.

«L'escalier!» pense Pierre qui s'évanouit.

Un contact familier, mêlé d'une chaude odeur de foin, le réveille: Émeraude est là, le front posé contre son front.

«Je ne suis pas mort», pense Pierre en se frottant les yeux.

Au fond de l'écurie, le Chat gît, assommé. Un coup de sabot d'Émeraude a suffi à lui faire entendre raison. Pierre se lève, enserre dans ses bras le cou de la jument et soupire:

«Émeraude, tu ne le sais peut-être pas, mais tu m'as sauvé la vie.»

Désormais, la fête a changé de côté. Sous la nuit étoilée, les braves gens du voyage s'étreignent, se complimentent. Les parents d'Amélie pleurent de joie.

– Sans vous, sans votre courage, nous étions perdus, dit le père à Marie.

Le second saisit les mains de la jeune fille, les serre jusqu'à les broyer:

– Mademoiselle, vous êtes notre héroïne.

Un peu en retrait, Pierre observe la scène. Les cheveux dénoués, Marie est encore plus belle.

Que se passe-t-il tout à coup? Marie veut dire quelque chose, on a l'impression qu'elle cherche quelqu'un, mais Pierre a disparu.

Soudain, il a pensé à son poème: le moment d'avouer ses sentiments à Marie est venu. Le texte est achevé; il ne reste plus qu'à le recopier d'une belle écriture et à l'offrir à la jeune fille. Tous les gens sont rassemblés là-haut, on ne pourrait espérer un instant plus propice. Cette fois, Pierre est sûr de lui: il va déclamer ses vers, sans oublier, bien entendu, de les dédier à une jolie jouvencelle.

Là-haut, le clair de lune baigne de ses doigts féeriques l'immense bonheur des otages libérés. Une ronde s'improvise, au centre de laquelle on place le violoniste et la reine du jour. Les bourrées se suivent et se ressemblent, la joie est indescriptible. C'est comme un air de folie qui soufflerait sur le pont, on rit sans raison, hommes et femmes s'embrassent, se bousculent. On trinque aussi, les tonneaux percés par les uns seront vidés par les autres.

– Je lève mon verre à la plus jolie fille de Nouvelle-France, dit Michel, et les acclamations s'élèvent jusqu'aux étoiles.

Dans l'écurie, une surprise attend Pierre: la page de son journal a été arrachée. «C'est bien curieux», se dit Pierre. Il a beau retourner botte par botte toute la provision de foin, sous l'œil étonné d'Émeraude, il n'arrive pas à mettre la main sur son texte.

Il allume une chandelle, inspecte chaque recoin, mais en vain.

Tout à coup, dans une expression qui lui est familière, il se tapote le front:

«Allons, cela n'est pas bien grave, à force de le repasser, je l'ai appris par cœur.»

En effet, pendant qu'il était à ses recherches, le poème lui est revenu, sans effort.

Le cœur battant, Pierre se rue dans l'escalier.

La lune a disparu, happée par une mer de nuages. Le pont est plongé dans la pénombre. Les danses ont cessé et les gens se sont éparpillés aux quatre coins du navire. Certains sont descendus se coucher, d'autres se tiennent près des tonnelets.

«Où est Marie?» se demande Pierre, qui balaie désespérément le pont du regard.

Il trébuche sur une bouteille vide et, pour se retenir, tend une main vers le bastingage. C'est alors qu'il aperçoit le musicien. Michel n'est pas seul. Il converse avec une femme, dont le visage se trouve dans l'ombre.

Pierre tend l'oreille. Le jeune homme chante un air inconnu. Soudain, Pierre sursaute. Il a saisi une phrase de la chanson, puis une autre, et une autre encore...

ET LORSQUE VOUS OUVREZ LES BRAS, CE N'EST JAMAIS, JAMAIS POUR MOI...

Voilà qui est incroyable! Michel chante le poème de Pierre! La femme tourne la tête. Ce n'est pas une femme, mais une jeune fille: Marie!

À présent, Marie sourit à Michel!

Pierre a un mouvement de recul. Michel se penche vers Marie, et elle ne le repousse pas. Elle ne fuit pas non plus. Bien au contraire, elle lui abandonne sa main, qu'il embrasse avidement. Puis Michel ôte l'anneau d'argent qu'il porte à l'annulaire et le passe au doigt de Marie.

C'est plus que Pierre ne peut en supporter.

Un coup de poing effroyable déchire son ventre, il lui semble que sa tête est en train d'exploser. Le corps tremblant de fièvre, il disparaît dans la nuit.

Dimanche 19 décembre, 8 heures du soir

Très chère Marie,

Ouf, j'ai travaillé fort ces derniers jours ! Et ce n'est pas de mes devoirs que je te parle, non, je parle de mon roman. Imagine-toi donc que j'ai terminé, ce matin, un premier chapitre de 37 pages, avec une intrigue et des personnages. Mais, chose bizarre, quand j'ai voulu le mettre au propre avec mon ordinateur, c'est comme si les mots avaient été écrits par quelqu'un d'autre. Est-ce bien moi qui ai écrit cette histoire ? La plume que mon grand-père m'a donnée aurait-elle réellement des pouvoirs ?

Je l'ai fait lire à ma mère, après le dîner, et elle a dit que c'était vraiment très bien. Elle ne semblait pas surprise outre mesure de la qualité exceptionnelle de mon texte. C'est vrai que ma mère trouve toujours beau tout ce que je fais. Mais là, j'ai mal à la tête, dans le cou et dans le dos. On m'avait dit qu'être écrivain ce n'est pas facile, mais je ne m'imaginais pas à ce point-là !

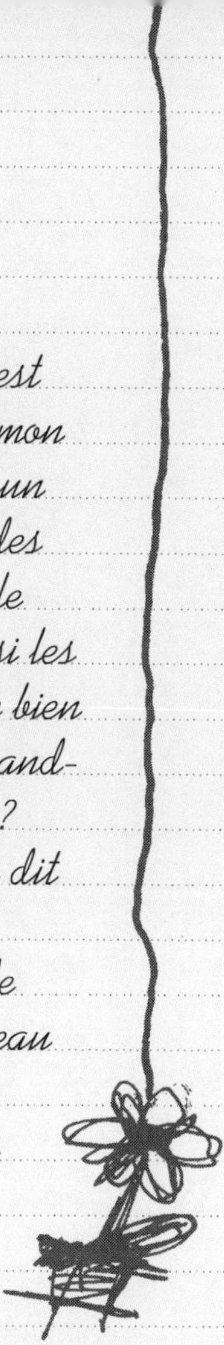

Cet après-midi, j'étais donc pas mal fier de moi, surtout quand ma mère m'a dit que j'avais du talent, et je suis devenu si excité que, pendant le souper, mon père m'a envoyé dans ma chambre pour me calmer un peu. Je me suis assis au bord du lit et j'ai relu mes 37 pages. Et tout à coup, Marie, ça a été comme si on me donnait une claque en pleine face, ça s'est mis à tourner autour de moi, j'avais le vertige. Car je venais de me rendre compte que, même si mon chapitre est plutôt bien écrit, la fin ne fonctionne pas, mais vraiment pas. En fait, c'est comme si, à un certain moment, le contrôle de mon histoire m'avait échappé, ce qui met le pauvre Pierre dans une situation horrible, tu comprends? Mais non, tu ne peux pas comprendre puisque tu n'as pas lu mon roman, et peut-être que c'est mieux ainsi, de toute façon.

Alors, que faire maintenant? Peut-être que je devrais en parler à mon grand-père, peut-être qu'il pourrait me dire comment on fait pour bien diriger ses personnages. Mais j'ai l'impression qu'il est trop tard pour ce chapitre-là, j'ai bien l'impression qu'il faudra que je reprenne à zéro et que j'en écrive un autre. Mais quoi écrire maintenant, comment trouver une autre idée? Ah, Marie, je trouve ça abominablement dur d'être un écrivain!

Lundi 20 décembre

Chère Marie,

Il est cinq heures, et je reviens tout juste de l'école. Je n'ai pas vraiment envie de te raconter ça, mais je vais le faire quand même, puisque c'est à ça que sert un

journal intime, à dire la vérité. Ce n'est pas comme dans les romans, où tout est invention.

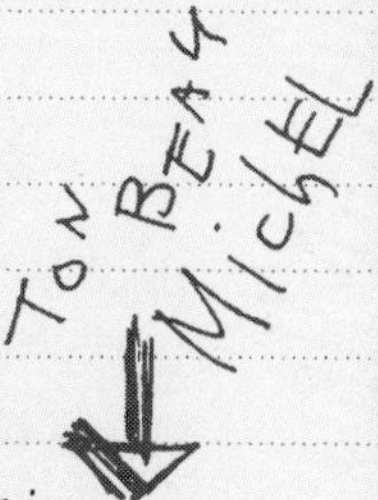

Tu sais, cet après-midi sur la patinoire, eh bien, j'étais sur le point de te demander de patiner avec moi quand Michel est arrivé en faisant crisser ses patins à deux pouces des tiens. Quel sauvage! Quel culot, aussi, de te regarder droit dans les yeux en demandant: «Par la main ou par la taille?» Oh, je l'aurais étripé! J'étais dans tous mes états, surtout que juste avant un imbécile m'a foncé dessus et m'a fait prendre une de ces plonges, heureusement que je ne me suis pas fait mal. Alors, de te voir partir avec le beau Michel une fois de plus m'a vraiment rendu triste. Surtout que c'est «par la taille» que tu lui as répondu avant de t'élancer sur la glace à ses côtés!

Mardi 21 décembre, 9 heures du soir

Chère Marie,

Tantôt, après le souper, Henri est venu dans ma chambre. Il a dit que j'avais l'air déprimé et il a demandé ce qui n'allait pas, c'est vrai que d'habitude je suis plus excité que ça avant Noël. Je lui ai donc tout raconté: que je ne suis pas content de mon roman, que je ne sais pas comment continuer, que j'ai bien l'impression d'avoir perdu mon temps. Et il a dit: «Mais non, tu n'as pas perdu ton temps... sois patient, il faut continuer. As-tu bien utilisé la plume que je t'ai donnée?» J'ai dit: «Ben oui, évidemment», et il s'est mis à lire attentivement mes 37 pages, et puis il a essuyé ses lunettes en disant: «C'est très bien, il faut continuer. Ton histoire est triste, mais bien composée. Tu as fait du bon travail.» Alors je lui ai expliqué mon problème (aïe, aïe, aïe! peut-être que je ne devrais pas te confier tout ça, chère Marie), j'ai dit: «Tu comprends, dans mon histoire, il se passe la même chose qu'à l'école, Michel et Marie se sont rapprochés, et moi ça me fait de la peine.» Et là, Henri a sorti un livre de sa poche en disant: «Tiens, je t'ai apporté de la lecture, peut-être que ça t'inspirera. Ce livre s'intitule "Juin 1944: la France se libère".» Je n'ai pas trouvé ça drôle, je ne voyais vraiment pas ce que ça avait à voir avec moi, la France et sa Libération, mais je n'ai rien dit et Henri est reparti en me souhaitant bonne nuit. Bon, maintenant il faut que je me couche. Alors, je te souhaite bonne nuit à toi aussi, chère Marie.

Jeudi 23 décembre, 7 heures du matin

Marie,

Cette nuit, il m'est arrivé quelque chose de vraiment incroyable! Bon, attends, il faut que je te raconte. Tu sais, dans mon roman, il y a une mouette, non, tu ne peux pas savoir puisque tu ne l'as pas lu, en tout cas, dans mon histoire il y a une mouette qui s'appelle Mira. Eh bien, cette nuit, j'ai rêvé qu'elle me réveillait et qu'elle me parlait. Tout d'abord, voyant que j'étais surpris et un peu effrayé, elle disait: «Ne crains rien, je suis la mouette Mira, ton amie.» Alors j'ai dit: «Mais Mira n'existe pas pour de vrai, c'est une invention dans mon roman.» Et elle a dit: «Oui, je suis une invention. Tu m'as donné la vie par ton écriture, et maintenant j'existe.» Moi, j'étais fatigué et je voulais dormir, parce que je voulais être en forme pour l'examen de maths aujourd'hui. Alors j'ai dit: «Eh, ça va faire, là, je veux dormir.» Mais elle a répliqué: «Si tu me chasses, Pierre, tu pourrais le regretter.» «Ah oui, vraiment?» «Oui, vraiment. Écoute-moi bien, je veux t'aider. Tu as un style d'écriture agréable, mais le problème, c'est que tu ne prends pas assez le temps de réfléchir. C'est pour ça que je suis venue te parler. Tu es trop impatient, et voilà pourquoi tu ne réussis pas à mener ton histoire comme il faut. » Agacé, j'ai dit : « Alors, toi qui sais tout, dis-moi donc ce que je dois faire maintenant. » Et elle a répondu d'un ton moqueur : « Eh bien, pour écrire, il faut une stratégie. Si tu veux séduire Marie réellement, il faut que ton héros la séduise dans le roman. Et aussi, n'oublie pas que tout ce que tu écris avec la plume de ton grand-père se réalise. Il faut donc être très prudent ! »

Inutile de te dire, chère Marie, que je me suis réveillé ce matin dans un drôle d'état. Je ne savais pas si j'avais rêvé ou quoi. Se pourrait-il qu'un personnage de roman vienne pendant la nuit parler à son auteur ? Qu'en penses-tu ? Je suis peut-être stupide de te raconter tout ce qui m'arrive, tout ce qui me passe par la tête, mais tant pis. C'est toi, ma Kittie d'Anne Frank. C'est toi, l'élue de mon cœur. Grâce à toi, je me sens un peu plus de courage maintenant pour entreprendre une deuxième histoire, et cette fois je serai très prudent.

Jeudi 23 décembre, le soir...

Chère Marie,

Génial ! Ça y est ! J'ai trouvé un nouveau sujet pour mon histoire ! Mais oui, mais oui, je l'avais juste sous le nez... La Deuxième Guerre mondiale !

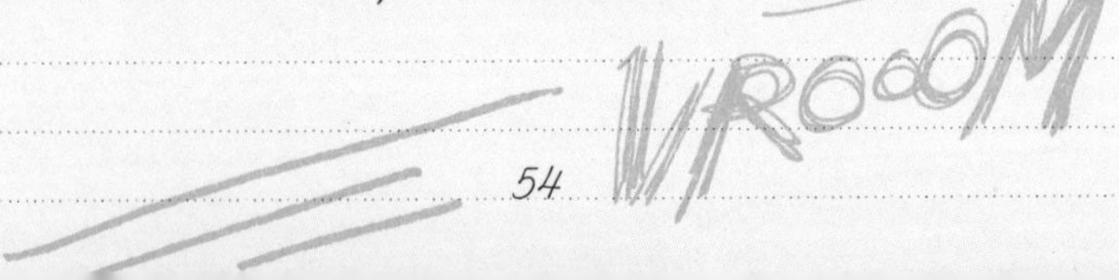

Marie et
le parachutiste
un roman de Pierre Bellerose
Éditions de la Mouette

Marie et le parachutiste

L'aventure que je vais vous raconter est arrivée à mon grand-père il y a bien longtemps.

C'est un héros, mon grand-père, un héros avec un certificat et des médailles. Non, non, je ne plaisante pas, tout ça est véridique. Mon grand-père s'est illustré pendant la Deuxième Guerre mondiale et on l'a décoré. Tant pis pour ceux qui ne me croient pas.

En ce temps-là, ça n'allait pas bien, mais alors, pas bien du tout pour les Français. Leur pays était occupé par les Allemands, c'est pour ça que cette période s'appelle «l'Occupation».

Soutenus par certains Français appelés «collaborateurs», les Allemands dirigeaient la France.

Pauvre France! Les meilleurs de ses enfants avaient rejoint le général de Gaulle ou les maquis de la Résistance. Enfin, ceux qui n'avaient pas été jetés en prison...

Heureusement, en juin 1944, c'est le début de la fin de la guerre: les Alliés – nous, les Canadiens, aidés par les Américains et les Anglais –, nous décidons de passer à l'offensive. Pour débarquer, nous choisissons la Normandie – il faut bien débarquer quelque part, et puis, la Normandie, c'est juste en face de l'Angleterre, alors…

Voilà pourquoi, par une belle nuit d'été, un jeune homme qui deviendra mon grand-père va s'élancer dans le ciel normand. En ce moment, à l'instant précis où il bascule dans le vide, ce jeune homme ne sait pas qu'il deviendra un héros : avec son parachute, il va écrire une page de l'histoire de France.

Nous sommes donc en Normandie, en juin 1944, dans la chambre de Marie et Fabienne. Toutes deux sont pensionnaires à l'établissement Sainte-Marthe. Fabienne est une brune calme et raisonnable, alors que, chez la blonde Marie, c'est plutôt la fantaisie et l'insouciance qui dominent.

Les deux amies sont en train de se chamailler, on dirait. S'agirait-il d'une affaire de cœur ?… En tout cas, il est question de Michel, le fils de la directrice de l'école.

– Ne va pas à ce rendez-vous, dit Fabienne. Ce Michel n'est pas un garçon pour toi.

– Mais pourquoi ? rétorque Marie. Il est très sympathique. En plus, il a une si belle voix !

– On peut être un traître avec une voix d'or.

– Un traître ! Tu ne crois pas que tu exagères ?

– Je l'ai vu avec des Allemands, je t'assure.

Moi, je n'écoute pas les ragots. Et je vais te dire une chose dont je suis certaine : la voix est le reflet de l'âme. Bon, je file, sinon je vais être en retard.

– Si tu le revois, je ne te parlerai plus jamais, lance Fabienne à Marie, qui est déjà loin.

Fabienne est furieuse. Elle saisit dans son cartable le livre de géométrie et, d'un geste rageur, le pose sur le bureau qu'elle partage avec son amie.

« Tiens, c'est amusant, une coccinelle se promène dans un pli du rideau. Quelle jolie robe, les pois sont à la mode cette année. Dire que j'aurais pu ne pas la voir ! » pense Fabienne. Elle se lève et, délicatement, fait glisser son doigt sous le ventre de l'insecte poli comme un bijou. La coccinelle fait quelques pas, écarte les ailes, remue les pattes sans pouvoir avancer. Fabienne est ravie. Le doigt dressé pour ne pas effaroucher l'insecte, elle feuillette son livre de la main gauche.

«Coccinelle, demoiselle, bête à bon Dieu», murmure Fabienne, les yeux braqués sur la page du livre. Elle lit sans comprendre le début du théorème: «Quels que soient trois points du plan...»

Coccinelle, demoiselle, ferme les yeux... Trois points du plan, ça veut dire quoi? Est-ce que Fabienne, Marie, Michel constituent trois points? Sûrement pas!

Fabienne referme le livre d'un mouvement sec. Un quart d'heure qu'elle est dans cette leçon, et elle ne sait toujours pas de quoi il est question.

La coccinelle est encore là. Fabienne souffle doucement sur son doigt.

«Si elle ne s'envole pas, je pardonne à Marie.»

La porte claque de nouveau. Marie, essoufflée, se jette sur son lit. Ouf! Il était temps! C'est le moment qu'a choisi la directrice pour attaquer sa première ronde.

De cette démarche saccadée qui rappelle le pas d'une patrouille allemande après le couvre-feu, madame Laville fait le tour des chambres. Ici, à Sainte-Marthe, les élèves sont logées dans le cloître. Toutes les chambres s'ouvrent sur le jardin intérieur. Pour la directrice, c'est pratique : en trois minutes, elle peut contrôler son monde. Elle aime bien ça, « Laville » – toutes les pensionnaires l'appellent ainsi –, ordonner l'extinction des feux. On dirait que, chaque soir, c'est un nouveau plaisir pour elle de frapper aux portes et de lancer, de sa voix de caporal :

– Il est l'heure, on souffle les lumières et on se met au dodo.

Marie hausse les épaules.

– Au dodo ! Elle nous prend vraiment pour des gamines !

La nuit, une belle nuit de juin, tiède et veloutée, vient à peine de tomber. Marie soupire en coulant un regard suppliant vers Fabienne :

– C'est un crime de se coucher déjà, alors que le ciel va bientôt s'animer.

Elle colle son œil sur l'unique volet de bois que la directrice a verrouillé de l'extérieur. Le volet présente un orifice, minuscule, mais suffisant pour l'œil exercé de Marie. Les pinceaux lumineux de la défense antiaérienne allemande sont en train de balayer le ciel, où des points lumineux apparaissent.

– Tiens, on dirait que ça démarre, lance Marie à voix basse.

Comme Fabienne ne réagit pas, elle précise :

– Ça se passe vers les plages, aujourd'hui.

Elle se tait une seconde, puis :

– Oh, j'ai bien l'impression qu'un des nôtres a été abattu.

Fabienne se rue sur le poste d'observation, bousculant Marie qui ne proteste pas.

– Où sont-ils ? demande Fabienne. Je ne vois rien.

– Il fallait venir plus tôt, répond Marie à Fabienne qui, à son tour, s'efface. J'espère qu'ils auront réussi à s'échapper. Deux fusées éclairantes… Tac, tac. Ah, le feu d'artifice commence, ça va barder à Colleville. Ici, il ne se passe jamais rien. Par moments, on oublierait la guerre.

– Tu exagères, réplique sa compagne de chambre. Laville, à elle seule, vaut toute une armée.

Elle tapote un instant son oreiller, puis soupire :

– Bon, je me couche. Je n'ai pas envie d'être punie, tu vois.

– Je m'en moque, réplique Marie. On ne peut pas se forcer à dormir lorsqu'on n'a pas sommeil.

Tout en se glissant sous les draps, Fabienne reprend :

– Je n'ai pas, comme certaines, le fils de la directrice pour me protéger. Aussi je préfère obéir.

– Tu crois vraiment que c'est pour ça que je m'intéresse à lui ? soupire Marie.

– Ne t'excuse pas, ronchonne Fabienne d'une voix morne. À propos, ce rendez-vous ?

– Il m'a chanté sa dernière composition... Une chanson magnifique... Attends, je vais retrouver l'air...

Marie se concentre, puis commence à fredonner un air.

Fabienne, qui s'était allongée, se dresse sur son lit :

– Ça, par exemple, *La mouette rieuse*! Il ne manque pas de toupet, ton Michel ! Tu es en train de chanter une chanson connue, archiconnue, une vieille chanson française ! Moi aussi, je peux en faire autant :

Je vous vois pareille à une mouette,
une mouette rieuse.

Vous vous riez de mon amour,
vous vous moquez de mes discours...

Pour masquer sa déception, Marie, qui est fière, éclate d'un grand rire un peu forcé. Puis elle se penche sur son lit, dont elle commence à tirer les draps.

– Que fais-tu ? demande Fabienne.

– Je vais dormir dans la cour, sous les étoiles et mon arbre, qui, lui, ne me fera aucun reproche.

Ce magnolia, c'est son arbre préféré. Il est né au centre du cloître, il y a bien longtemps, car aujourd'hui son tronc musculeux s'élève jusqu'au toit de l'école. Marie raffole du parfum lourd de ses fleurs blanches, aussi grosses que des nids, qui s'accrochent çà et là au hasard des branches. Quelquefois, un rossignol élit domicile ici, sur la branche maîtresse.

Sa literie posée sur le bras gauche, Marie entrouvre la porte, risque un œil dans le couloir, s'écrie «Mon Dieu» et referme la porte précipitamment.

– Je t'avais bien dit qu'elle ne nous lâcherait pas, s'écrie Fabienne, le drap remonté jusqu'aux yeux.

– Tu n'y es pas du tout. Ce n'est pas Laville, c'est un homme à la peau noire.

– Qu'est-ce qui t'arrive ? demande Fabienne. Tu dérailles, ma pauvre.

– Je te dis que là, derrière la porte, il y a un Africain. D'ailleurs, je vais voir s'il n'a pas filé.

Avec précaution, elle entrouvre de nouveau la porte, mais cette fois-ci ne la referme pas. Fabienne lance un regard curieux. Un grand type à la peau et aux cheveux noirs est là, sur le seuil.

– Qui êtes-vous ? Que voulez-vous ? demande Marie qui a repris ses esprits.

– Je vous en prie, aidez-moi, dit l'homme. Je suis un aviateur.

– Un aviateur ? dit Marie. On ne dirait pas. Où est votre avion ?

– Je suis poursuivi par les Allemands. Laissez-moi entrer, s'il vous plaît.

Les deux filles échangent un bref regard interrogateur, puis Marie se décide :

– Entrez, mais faites vite. Dans une minute, nous dormons.

L'homme entre dans la chambre, et Marie referme délicatement la porte derrière lui.

– D'où venez-vous ? Pourquoi parlez-vous bizarrement ? reprend Fabienne.

L'homme se met au garde-à-vous, claque des talons.

– Je m'appelle Pierre. Je suis canadien. Canadien-français. Mais c'est votre accent qui est bizarre.

Fabienne et Marie se regardent, éclatent de rire.

– Mon avion a été abattu, et j'ai sauté en parachute. Je suis tombé dans votre jardin…

– Vous voulez dire «le cloître», l'interrompt Marie. Vous avez eu bien de la chance de ne pas tomber sur Laville.

– Pourquoi ? Il nous en aurait débarrassé, pouffe Fabienne.

– Est-ce que je peux m'asseoir ? demande Pierre en se passant la main sur le visage, où soudain des zones de peau claire apparaissent.

– Mais vous avez la peau blanche ! s'écrie Marie.

– Pour les missions de nuit, il faut s'enduire la figure de noir de fumée, déclare Pierre.

– Noir ou blanc, peu importe, mais qu'allons-nous faire de lui ? se lamente Fabienne.

Marie se mord la lèvre inférieure, dans un tic qui lui est familier, puis :

– On pourrait le garder pour la nuit. Demain matin, je le conduirai à la cave en attendant de trouver mieux. Mais, dites-moi, où est votre parachute ?

– Il est resté accroché à un arbre.

– Mon magnolia ! s'écrie Marie.

D'un bond, elle est à la porte et se rue sur son arbre. Drôle de sapin de Noël ! Le parachute est resté suspendu aux branches et il se balance mollement dans l'air du soir.

– Mettez-vous là, dit Marie. Nous allons tirer ensemble. Attention à la grosse branche, vous allez

tout déchirer ! Et prenez garde aux fleurs, avez-vous remarqué comme elles embaument ?

– Je n'avais pas eu ce loisir lors de mon atterrissage, mais à présent je respire mieux. Vous avez raison, l'air en est tout imprégné.

Ils tirent, chacun de leur côté, sur les cordages du parachute, qui glisse silencieusement jusqu'à terre.

– Pliez-le vite, dit Marie, nous le cacherons sous mon lit.

– Vous pensez à tout, mademoiselle. Au fait, puis-je connaître votre prénom ?

Lorsque le choc mélodieux des talons de Laville se fait de nouveau entendre, la chambre offre le spectacle paisible que doit présenter toute chambre de pensionnat pour jeunes filles de bonne famille : vêtements impeccablement pliés sur les deux chaises placées en sentinelles de part et d'autre de la fenêtre, livres d'études rangés sur les rayonnages, et la table de travail est nette de tout papier froissé ou rognure de crayon. Quant aux deux adolescentes qui l'habitent, elles semblent endormies depuis longtemps déjà, car le silence le plus profond règne sur les lieux.

À moins de se mettre à plat ventre sur le plancher – mais à qui viendrait une pareille idée ? sûrement pas à Laville avec ses rhumatismes chroniques ! –, personne ne pourrait imaginer qu'enveloppé dans une toile de parachute en guise de couverture, un jeune homme descendu du ciel s'apprête à passer la nuit là, sous le lit de Marie.

* * *

Sœur Marie-Olga, qui enseigne l'histoire, est la prof préférée de Fabienne et Marie. Cette petite femme bien en chair, toujours gaie et souriante, est adorée de ses élèves. À la belle saison, elle a l'habitude de placer chaque matin une fleur de magnolia sur son bureau, aussi les pensionnaires l'ont-elles gentiment surnommée « sœur Magnolia ». Ce matin, l'horaire est dépassé depuis un moment et la place de Marie reste désespérément vide.

– Que se passe-t-il ? demande sœur Magnolia. Pourquoi Marie est-elle absente ?

– Elle s'est sentie un peu souffrante cette nuit, mais elle ne va pas tarder. Je vous en prie, ma sœur, ne la signalez pas à madame Laville, supplie Fabienne d'une toute petite voix.

Fabienne se ronge les ongles. Marie a prévu qu'elle conduirait à la cave le jeune homme tombé du ciel pendant la nuit. Elle devrait être là depuis un moment. L'heure avance et elle ne se montre toujours pas.

– Bien bien, dit sœur Magnolia, nous commençons la leçon sur le Canada.

Fabienne, qui a fait un bond sur sa chaise, reprend en écho :

– Le Canada ?

– Dis-moi, Fabienne, serais-tu réfractaire à cette idée ? demande sœur Magnolia.

– Pas du tout, ma sœur. Ce serait plutôt le contraire.

– C'est quoi, le Canada ? Un fruit exotique ? demande Dominique, une brune frisée qui a toujours faim.

La classe entière éclate de rire.

– Voyons, Dominique, le Canada est un pays, tu devrais le savoir.

Sœur Magnolia se tait une seconde, reprend :

– Un grand, un immense pays, même.

– Êtes-vous déjà allée au Canada ? poursuit Dominique.

– Oui, j'ai connu ce pays, une fois.

Sœur Magnolia a pris un air mélancolique, cet air mystérieux qui la rend encore plus jolie: dans ces moments-là, elle réussit, les joues enflammées par la passion, à faire passer comme un conte de fées la guerre de Cent Ans ou la Révolution française.

Elle s'éclaircit la voix et annonce:

– Le Canada, mes enfants, est un pays d'Amérique où beaucoup de gens parlent français. Le français aurait pu être la langue maternelle de l'ensemble de ses habitants. Hélas, l'histoire en a décidé autrement...

Juste comme elle ajoute «Cela fera l'objet de la leçon d'aujourd'hui», Marie, essoufflée, pousse la porte de la classe et se glisse à sa place. Tout en faisant mine d'accorder la plus grande attention aux paroles de sœur Magnolia, elle chuchote à l'oreille de Fabienne:

– Figure-toi que, comme je quittais la chambre, j'ai croisé Michel dans le couloir. Il avait un air bizarre, et j'ai eu toutes les peines du monde à m'en défaire. Heureusement, avant de partir, j'avais expliqué à Pierre comment gagner discrètement la cave.

On dirait que l'arrivée de Marie excite l'inspiration de sœur Magnolia.

– Aujourd'hui, nous allons voyager dans le temps, lance-t-elle gaiement à la jeune fille.

Marie et les autres élèves écarquillent les yeux, Dominique prend un air idiot.

– Chères petites Normandes, savez-vous que plusieurs de vos ancêtres ont peuplé le Canada, il y a bien longtemps de cela ?

Dominique hausse les épaules, tandis que sœur Marie-Olga reprend :

– Fermez les yeux, mes enfants. Reportez-vous loin en arrière. Vous êtes votre mère, votre grand-mère, votre bisaïeule, votre trisaïeule... avancez, avancez encore... la roue du temps fonctionne à rebours. Vous voici en 1671... Y êtes-vous ? Oui ? Alors, arrêtez les machines... Allons, allons, qui peut me dire à quoi la vie, votre vie, ressemble ? On lève la main, mais on garde les yeux fermés.

– Moi, dit Marie, je crois que j'y suis. Il n'y a pas d'école, c'est ma tante qui m'a appris à lire. Je m'éclaire à la chandelle, je gagne ma vie en brodant des mouchoirs de dentelle pour les dames de la ville.

– Bien, dit sœur Marie-Olga. Décris-nous ta tenue.

– Une jupe brune, longue, oh, très longue, et un corsage décolleté, avec des manches ballon. Oh, cette jupe ! On ne peut pas dire que le tissu soit confortable, je ne sais pas ce que c'est, cette espèce de lainage qui gratouille.

– Veux-tu cesser ? lance Fabienne à Dominique qui, à chaque nouveau détail, ne peut s'empêcher de glousser.

– Et les cheveux ? Comment es-tu coiffée ?

D'une main distraite, Marie lisse sa queue de cheval, que retient un ruban de soie, cadeau de Pierre. Elle hésite un instant, puis :

– Ils sont attachés, recouverts par je ne sais quoi... Je porte une coiffe ! Une coiffe blanche, en satin, que j'ai fabriquée moi-même.

– Les lieux, à présent: peux-tu me parler du paysage?

Marie reprend:

– Justement, il y a un problème, tout baigne dans la brume. Ah, elle se dissipe peu à peu. Mais oui, c'est ça, je suis sur un bateau ...

– Un bateau? s'étonne la classe d'une seule voix.

– Mais oui, c'est un trois-mâts, un voilier magnifique.

– Que fais-tu sur ce voilier?

– Je ne sais pas, il y a des gens, tout autour. Tiens, voilà Michel! Et Pierre, maintenant! C'est incroyable!

– Qui est Pierre? demande Dominique, alors que Marie continue:

– Navire en vue à bâbord? On dirait qu'il vient vers nous! Oh là là! Des pirates!

– Mon Dieu! dit sœur Magnolia. Reviens ici tout de suite.

– Mais je ne peux pas. Ils sont toute une troupe, ils s'approchent, ils montent à l'abordage.

Alors que l'assistance est suspendue aux lèvres de Marie, la porte s'ouvre avec une rare violence.

Un officier allemand paraît, accompagné de deux soldats, bottés et casqués. L'un des soldats referme soigneusement la porte vitrée. À travers le verre dépoli, on distingue vaguement une silhouette inconnue.

Les sbires font le salut allemand, puis, d'une démarche de robot, ils se placent de part et d'autre du tableau noir. Aussitôt, l'officier s'installe au centre, face à la classe :

– Savez-vous ce qu'est ceci ? demande-t-il d'une voix douce en agitant en direction de sœur Magnolia un morceau de tissu blanchâtre.

Sœur Magnolia hoche la tête.

– Ma foi, on dirait un vieux chiffon. Je veux bien le prendre pour effacer le tableau, si vous permettez.

Comme sœur Magnolia avance la main, l'autre se met à hurler :

– Bas les pattes ! *Achtung*, ma sœur, *achtung*!

Il pivote sur les talons de ses bottes impeccablement cirées, claque des doigts à l'intention du soldat posté en sentinelle. Celui-ci ouvre la porte d'un geste théâtral, découvrant Michel qui attend sur le seuil. L'autre poursuit :

– Ceci est de la soie. De la soie de parachute. Dites-moi, vous trouvez ça normal que monsieur Michel ait cueilli cette fleur sur un arbre, cette nuit même ?

– Je t'avais bien dit que c'était un traître, souffle Fabienne à Marie.

– Michel ! C'est incroyable ! murmure Marie plus morte que vive en défaisant d'une main tremblante le ruban qui retient ses cheveux.

– Tu ne te sens pas bien ? demande sœur Magnolia.

Elle se redresse et, d'une voix ferme, lance à l'officier :

– Mademoiselle est souffrante, je vais la conduire à l'infirmerie.

Les cheveux dénoués, Marie prend le large au bras de sœur Magnolia, tandis que l'autre vocifère, en détachant chaque syllabe :

– Ce parachute N'EST PAS ALLEMAND. D'où nous vient ce parachute ?

– Je ne sais pas, moi, dit Dominique, qui fond en larmes.

L'un des soldats fait un pas vers elle, la saisit par le col de sa blouse.

– Ce parachute est un parachute CANADIEN.

Un silence de mort plane sur la classe entière. D'un ton glacial, l'Allemand annonce :

– Cette nuit même, un assassin venu d'Amérique est descendu dans notre ciel. Il a atterri dans notre jardin. Et cet homme a été aidé dans son entreprise par quelqu'un qui appartient à notre maison.

Dominique se met à hurler :

– Ce n'est pas moi !

L'officier se penche vers elle et, avec la règle de bois de sœur Magnolia, s'amuse à taquiner le menton de la jeune fille.

– Vous ne voulez pas le dire ? Très bien. Dans ce cas, mes hommes vont passer dans les rangs pour la fouille.

Dominique, qui a volé une pomme à la cantine, est prise de panique. Mais, d'une voix sans réplique, l'officier a repris :

– Exécution. On vide son pupitre et on retourne ses poches.

Michel s'adresse à la classe :

– Vous n'avez pas intérêt à mentir, je vous le dis. La vérité se sait toujours.

L'Allemand est encore posté devant Dominique. Dans la blouse de la jeune fille, la pomme volée est soudain plus lourde qu'une miche de deux livres.

– J'ai dit de vider ses poches, aboie l'autre.

Dominique s'exécute.

– Ah, ah ! il paraîtrait que l'on vole à la cantine…

Dominique bafouille :

– Monsieur l'Allemand, je ne sais rien, mais…

L'officier ricane.

– Tu vois, tu progresses déjà.

Il se tourne vers sœur Magnolia, qui vient de rentrer :

– Vous avez de la chance, ma sœur, vos élèves apprennent vite…

Dominique, qui s'est levée, reprend, en désignant Fabienne du doigt :

– Tout à l'heure, Marie a dit qu'elle allait embarquer pour le Canada.

Michel blêmit.

– Arrêtez-les, lance l'officier d'une voix rauque.

On passe les menottes à Dominique qui crie, tandis que les soldats emmènent Fabienne.

La chambre des filles est vide. Avec une hargne inouïe, l'Allemand fait voler aux quatre coins draps et couvertures, renverse le bureau de Marie et découvre le parachute qu'il piétine sauvagement.

Puis il saisit Fabienne par le col de sa blouse :

– On te l'avait bien dit : tôt ou tard, la vérité éclate au grand jour.

Deux grosses perles rondes naissent au bord des yeux de Fabienne, puis roulent sur ses joues.

– Où est cet homme ? Où est cet homme ? Où est ton amie ? continue l'homme. Tu vas répondre, oui ?

Il la secoue si fort qu'il arrache deux boutons de sa blouse.

Fabienne n'ouvre pas la bouche. Les poings fermés, tellement serrés que les ongles lui mordent la chair jusqu'au sang, elle pense : « Pourvu que Marie ait réussi à s'échapper ! »

Et même lorsque, avec un sourire cruel, l'Allemand promène la flamme de son briquet sur sa peluche préférée, un petit oiseau gris au ventre blanc, pas un cri ne sort de la bouche de Fabienne.

Pour Marie, qui s'est réfugiée dans la cellule de sœur Magnolia, une seule chose compte : sauver Pierre. Déjà les couloirs résonnent des cris de Laville, bien décidée à ameuter toute l'école.

Tout à coup, quelqu'un gratte à la porte. Marie frissonne, elle connaît le traitement que l'on réserve aux prisonniers...

Mais ce n'est que soeur Magnolia. Elle est à bout de souffle, soeur Magnolia, parce qu'elle a couru tout le long du chemin. Elle dit:

– Marie, il faut fuir, et vite. Ne t'inquiète pas, je préviendrai Pierre.

Elle prend une grande inspiration, puis:

– Écoute-moi bien: chaque lundi, à tour de rôle, l'une d'entre nous va acheter la ration de viande pour l'école. Aujourd'hui, c'est, enfin, c'était à moi de le faire. Mais j'ai une idée.

La religieuse qui, quelques instants plus tard, se présente à l'entrée de l'école n'a rien d'une nonne. Certes, elle revêt la tenue réglementaire des religieuses, mais comme disait sœur Magnolia à Marie en l'aidant à cacher ses longs cheveux sous la coiffe, «l'habit ne fait pas le moine».

Qui pourrait deviner la supercherie? Certainement pas le concierge qui, imperturbable, donne le feu vert à Marie.

La ville grouille de soldats. Jeeps et motos dansent une ronde infernale autour de l'école. Trottinant le plus discrètement possible, car des troupes en ébullition ne cessent d'affluer, Marie réussit à contourner le bâtiment principal.

Comme elle se penche par le soupirail de la cave, c'est un spectacle terrible qui s'offre à elle : la cache a été découverte ! L'officier allemand est en train d'interroger Pierre, tandis qu'un soldat lui lie les mains. Comme Pierre ne dit rien, l'officier le gifle à toute volée avec son gant de cuir noir.

Marie fond en larmes. Puis l'idée que Michel est responsable de tout ce qui arrive à Pierre s'empare d'elle et un profond sentiment de dégoût l'envahit. Lorsqu'elle sèche ses larmes, sa résolution est prise : sauver Pierre, coûte que coûte.

Marie est restée figée sur place. Pierre réapparaît, menottes aux poignets.

À coups de crosse, un soldat le fait monter dans un camion. Le cœur de Marie est comme une bête

folle, mais elle ne bronche pas. Un instant, leurs regards se croisent, et il lui semble que Pierre la reconnaît. Elle esquisse un sourire forcé, mais déjà le moteur du camion commence à tourner. Marie dresse l'oreille. Un ordre est donné en allemand :

– *Schnell.* Au château !

« Que faire désormais ? » se demande Marie. Elle hésite un instant, puis fait volte-face. Le seul refuge possible, c'est la cellule de sœur Magnolia.

Chez sœur Magnolia, un accueil peu chaleureux est réservé à Marie :

– Mon enfant, c'est une lourde erreur d'être revenue !

Sœur Magnolia se tord les mains, insiste :

– Tu es recherchée par la police, est-ce que tu te rends compte de ce que tu risques ?

– Pierre est en danger de mort. Il faut faire quelque chose.

– Quelque chose ! Mais nous ne pouvons, à nous seules, aller prendre la Bastille !

– Ce ne sera pas facile, bien sûr. Au fait, c'est peut-être un détail, mais on l'a conduit au château.

Sœur Magnolia, qui s'était agenouillée pour prier, se redresse tout à coup :

– Au château ? Tu en es sûre ?

– Certaine. L'ordre a été donné en allemand, mais j'ai parfaitement compris.

Soudain, la physionomie de sœur Magnolia se métamorphose. Sa mine crispée est remplacée par un magnifique sourire.

– Vous sentez-vous malade, ma sœur ? demande Marie qui s'étonne d'un passage si brusque de l'obscurité à la lumière…

Le sol de la pièce est souillé d'immondices. Assis sur l'infâme grabat qui sert de couche aux prisonniers, Pierre est absorbé dans ses réflexions.

Tout est allé si vite ! La veille, à la même heure, il se trouvait là-bas, avec ses camarades. En montant dans l'avion, tous vibraient d'excitation à l'idée de cette France qu'ils allaient découvrir et délivrer. Ensuite, il y avait eu le parachutage des hommes, effectué sans encombre. Mais, en rebroussant chemin pour regagner la base, l'incident était arrivé. La secousse, si forte que l'avion s'était cabré, et, vite, Pierre avait dû se jeter dans le vide, vers l'inconnu.

À présent, Pierre, impuissant, ne sait plus à quel saint se vouer. La consigne, pour ses hommes, était de se retrouver chez un brave homme qui fait de la résistance. Pierre essaie de rassembler ses idées : l'auberge du Père-Poulard, c'est ça ! Un nom amusant – mais est-ce le moment de rire ? Pas vraiment, car à cette heure l'avenir ressemble plus à une impasse qu'à une auberge.

Il s'allonge sur la couche, repousse du pied la couverture crasseuse qui ne s'impose vraiment pas, vu le temps clément, et s'occupe à déchiffrer les graffitis que ses prédécesseurs ont gravés sur la muraille.

L'un d'entre eux, à peine lisible tant l'écriture en est malhabile, dit : « Le Chat a sept vies et le Roi-Soleil ne lui en prendra qu'une. » Suit ce qui paraît être une date : « 1671. » Mais Pierre a du mal à y croire. Cette inscription serait vieille de plus de deux siècles ! Il préfère penser qu'il a mal lu. Les distractions sont rares en ces lieux, tout cela n'est peut-être que l'œuvre d'un plaisantin. À moins qu'un détenu n'ait perdu la raison… Pierre frissonne.

La nuit est tombée sur la ville depuis un moment déjà. Pierre se dresse sur sa couche : quelque chose, il ne saurait dire quoi, une présence s'avance, il la sent toute proche. Pourtant, la porte n'a pas grincé sur ses gonds, c'est incompréhensible. « Un rat ! » pense-t-il, écœuré. Dans un sursaut de dégoût, bien décidé à faire front, il saisit l'une de ses chaussures et la brandit au-dessus de sa tête.

Tout à coup, une voix chuchote dans la nuit.

– Vous êtes là, Pierre ?

Sans réfléchir, il répond à la question par une autre question :

– Qui me demande ? Que voulez-vous ?

– Je suis Marie. Ne craignez rien. Sœur Magnolia et Fabienne sont avec moi. Nous sommes venues vous délivrer.

La porte s'ouvre devant Pierre qui n'en croit pas ses yeux. Marie le prend par la main.

– Il faut faire vite, suivez-moi avant qu'ils ne donnent l'alerte.

Voilà des lustres que les souterrains du château n'avaient résonné d'une telle course. Plus précisément, depuis l'époque lointaine où, étudiante en archéologie, sœur Magnolia occupait ses loisirs à explorer tout ce qui ressemblait à une vieille pierre.

– Ne pourrait-on pas s'arrêter une seconde? gémit soudain Fabienne, j'ai un point de côté.

– Allons, un peu de courage. Si mes souvenirs sont exacts, la liberté se trouve à moins de un kilomètre, dit sœur Magnolia.

Elle ralentit tout de même le train d'enfer du quatuor, prend une profonde respiration avant de confier, d'une voix émue :

– Ce château, combien de fois ai-je parcouru ses douves et ses souterrains, autrefois ? N'empêche, j'ai eu du mal à la retrouver, la galerie secrète qui nous a permis de libérer Pierre... Un instant, j'ai même cru que je n'y arriverais pas.

Le couloir semble se rétrécir. Sœur Magnolia reprend :

– Nous voici près de la sortie, faites attention.

Pendant que sœur Magnolia évoquait ses souvenirs, les amis ont débouché sur une colline boisée. Une camionnette bâchée est stationnée, un peu en contrebas.

– Ne moisissons pas ici, dit sœur Magnolia qui s'installe au volant.

Tous feux éteints, le véhicule s'engage en cahotant sur le chemin de terre.

Maintenant, les enfants, il faut se mettre à l'abri, dit sœur Magnolia. Nous allons prendre un bol d'air frais à la campagne. Direction : la ferme de tes parents, Fabienne.

Enchantée par l'idée, Fabienne dépose un baiser sur la joue de son professeur.

Assis l'un près de l'autre à l'arrière de la camionnette, Marie et Pierre se racontent on ne sait quoi. Ils ont l'air de deux complices qui ne se sont jamais quittés.

– L'auberge du Père-Poulard ? dit Marie. Mais je connais ça par cœur ! Je vais vous... enfin, je vais te faire un plan...

– Qu'est-ce que vous complotez encore, tous les deux ? demande sœur Magnolia en riant. Vous ne trouvez pas que c'est assez pour aujourd'hui ?

– Je n'oublierai jamais ce que vous avez fait pour moi, dit Pierre. À présent, je dois absolument rejoindre les miens. Mais auparavant, il faut que je te donne quelque chose.

Il fouille dans la poche de sa vareuse, dont il extrait un coffret qu'il tend à Marie.

Elle l'entrouvre délicatement : il s'agit d'un plumier et de sa plume, tous deux fort anciens. Un billet est enroulé autour de la plume. Marie le déplie et lit : « Au revoir, écris-moi... »

– Moi aussi, j'ai quelque chose pour toi, dit la jeune fille.

Au virage suivant, Marie, les larmes aux yeux, voit son ami sauter à terre. Puis il porte à ses lèvres la magnifique fleur nacrée, dépose un baiser sur les pétales veloutés et disparaît dans les bois en faisant un grand signe d'adieu.

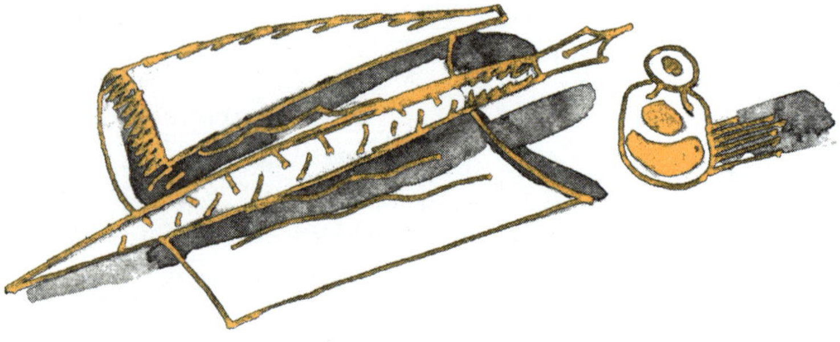

Mardi 31 janvier

Chère Marie,

Je viens de rentrer de l'école. Tu n'y étais pas aujourd'hui, j'espère que tu n'es pas malade. Moi, je n'ai envie de rien faire. Ma mère trouve que je n'ai pas l'air en forme, elle dit que je devrais me reposer, mais je n'y arrive pas. Je m'étends sur mon lit, mais j'ai la tête qui tourne, ma pensée ne veut pas s'arrêter. Pourtant, j'aurais de quoi être fier, j'ai travaillé vraiment fort, tu sais, j'ai écrit une nouvelle histoire de 35 pages ! Mais c'est bizarre, je me sens plutôt découragé et fatigué. Écrire un roman est une chose bien étrange : c'est agréable et pénible en même temps. Une fois qu'on a commencé, on ne peut plus s'arrêter. On voudrait se détendre, penser à autre chose, mais c'est impossible, on est comme en prison, sauf que la prison, elle est à l'intérieur de soi.

Mais ce qui m'énerve le plus, c'est qu'aujourd'hui, à l'école, Blandine, à qui j'avais raconté que j'écrivais un roman, s'est crue obligée de l'annoncer à toute la classe, et à midi, à la cafétéria, Michel, le maudit Michel, s'est moqué de moi devant tout le monde. Je l'aurais tué ! Pour être fines, Blandine et Sophie sont venues s'asseoir à ma table, mais j'aurais préféré rester tout seul, en fait, non, ce que j'aurais préféré, c'est que toi, tu viennes t'asseoir avec moi. Mais tu n'étais pas là, et peut-être que c'était mieux comme ça finalement.

Bon. Tu dois me trouver pas mal plate avec mes plaintes. Je devrais peut-être sortir prendre l'air, aller patiner, mais ça ne me tente vraiment pas. Et toi, qu'est-ce que tu fais en ce moment? C'est un drôle d'hiver cette année, hein? Le temps est si doux, et il n'y a presque pas de neige. C'est à cause du bouleversement que subit la planète, ma mère dit que les humains sont en train d'épuiser la Terre. C'est triste, je trouve.

triste

triste

triste

triste

Mercredi matin 1er février

Chère Marie,

Tu te souviens de Mira, mon amie la mouette? Eh bien, elle est revenue me voir hier soir. J'étais dans ma chambre, et voilà que j'entends sa petite voix ricaneuse qui me dit: «Bonjour, Pierre, tu m'as appelée? Il était temps, je croyais que tu m'avais oubliée!» Je lui ai répondu: «Mais c'est moi qui croyais que tu m'avais oublié!» Et là, elle a dit: «Je ne peux pas veiller sur toi si tu ne penses pas à moi, il faut que tu parles de moi dans ton roman pour que j'existe! Depuis un mois, pas une fois mon nom n'est apparu dans ton histoire, tu ne fais que parler de Marie, Marie, et encore Marie, ce n'est pas gentil pour ton amie Mira.» Je me suis dit qu'une mouette jalouse, c'était vraiment bizarre, et puis elle a continué: «Je ne suis pas une mouette ordinaire, tu le sais bien, Pierre. Si tu veux que j'intervienne dans ton histoire, il faut que tu continues à me faire exister. Alors, laisse un peu tomber les filles, veux-tu, et fais-moi de la place.» Ensuite, elle a disparu dans le noir de ma chambre.

Me trouves-tu fou, Marie? Me trouves-tu fou d'entendre des voix dans le noir de ma chambre? Peut-être que je suis en train de devenir fou. Oui, c'est peut-être ça, être un écrivain. Comme si, lorsque je ne suis pas en train d'écrire, il fallait quand même que je continue à vivre dans mon imagination.

Jeudi 2 février

Chère Marie,

Quel coup de théâtre à l'école aujourd'hui, n'est-ce pas? Je dois dire que je savoure ma revanche, oui, c'est à mon tour d'avoir le beau rôle. Comme il a dû en baver, Michel, pendant le cours d'histoire, de me voir répondre si facilement à toutes les questions de madame Desjardins. Il faut dire que, grâce à mon grand-père, l'histoire de France, c'est mon rayon, et j'avais décidé de mettre le paquet. Et comme j'étais fier que tu me regardes avec admiration! Car tu pourras dire ce que tu voudras, il y avait de l'admiration dans tes yeux, j'en suis certain. Mais tout de même, j'ai été surpris quand Michel a demandé à sortir en plein milieu du cours, et encore plus surpris, comme tout le monde, quand il est revenu au bout d'une demi-heure en compagnie de Thomas, le surveillant, qui le tenait par le col de sa chemise! Oye, oye, oye!

Mais maintenant je l'avoue, je sais que c'est mesquin, mais c'est vrai: je suis content que Michel ait été pris en train de fumer dans les toilettes ! Et encore plus content qu'il ait été mis à la porte de l'école pour une semaine, ah ça, oui ! Car sais-tu quoi, chère Marie ? Je vais en profiter pour agir, je vais en profiter pour essayer de te séduire ! Espérons que la mouette ne me fera pas une autre crise de jalousie… bon, voilà que je recommence à délirer. Il ne faut pas trop que je parle d'elle, sinon elle est bien capable de revenir en disant : « Tu m'as appelée, Pierre », de sa voix ricaneuse !

Mais le plus fou, Marie, il faut bien que je te l'avoue, c'est qu'elle est encore revenue hier soir, ma mouette jalouse. Je venais de finir de ranger mes affaires dans ma chambre, quand elle m'a appelé d'un ton autoritaire : « Pierre, j'ai quelque chose d'important à te dire. Il nous faut absolument élaborer ensemble une stratégie, car tout seul tu ne t'en tireras jamais. » J'ai dit poliment : « Bon, qu'est-ce que tu proposes, alors ? » Et elle a dit : « Voilà à quoi j'ai pensé. Tout ce que tu as écrit jusqu'à maintenant a lieu dans le passé, et on ne dirait pas que ça te convient, en tout cas ça ne donne aucun bon résultat, si tu vois ce que je veux dire. Alors, pourquoi ne pas écrire plutôt quelque chose qui se passerait dans le futur ? » Là, j'ai dit, tout étonné : « Le futur ? Mais quel futur ? Le futur de ma vie ou bien le futur tout court ? » Et elle : « Le futur comme

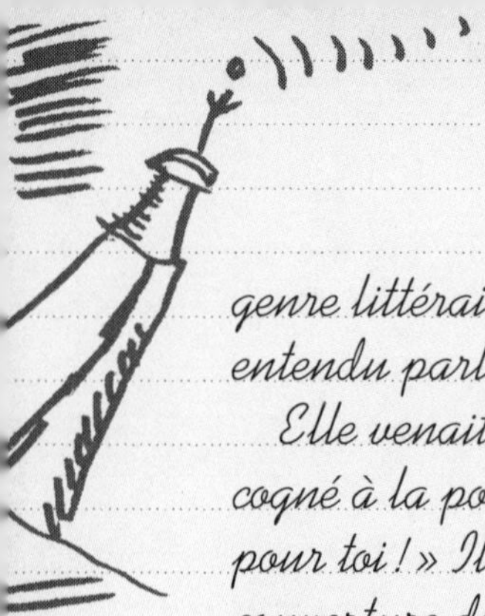

genre littéraire, mon cher Pierre. Tu n'as donc jamais entendu parler de la science-fiction?»

Elle venait de disparaître quand mon grand-père a cogné à la porte en disant: «Pierre, j'ai quelque chose pour toi!» Il est entré et m'a tendu un livre à la couverture dorée, et le croiras-tu, chère Marie, c'était un roman d'anticipation (c'est un autre nom pour la science-fiction) intitulé «Chroniques du troisième millénaire». Alors je me suis exclamé: «Mais c'est incroyable, une amie vient tout juste de me prescrire ce livre!» Henri m'a regardé d'un drôle d'air: «Elle te l'a prescrit? Es-tu malade?» «Ben non! C'est une façon de parler, voyons donc!» «Et cette amie, est-ce Marie?» «Non, ce n'est pas Marie.» «Tu me la présenteras un jour?» J'ai dit: «Hmm... je ne crois pas que ce soit possible pour le moment, euh... elle est partie en voyage!»

Vendredi 3 février

Chère Marie,

Il est sept heures trente du matin, et imagine-toi donc que j'ai déjà déjeuné, fait ma toilette et écrit trois pages! Avant, je traînais toujours au lit le plus tard

possible, mais depuis que je suis écrivain, je me lève aux aurores ! Parce que, tu sais, ça prend vraiment du temps, écrire, en fait c'est horriblement long, imagines-tu qu'une seule page peut prendre toute une semaine ? On a beau avoir une bonne idée, il faut recommencer cent fois avant d'écrire la phrase parfaite. Du moins, c'est comme ça pour moi, je n'arrête pas de jeter des feuilles dans la poubelle, je les froisse en une boule très serrée avant, et je trouve que ça fait un joli bruit. Me voilà idiot, je crois, fou, oui, un écrivain fou qui aime le bruit du papier froissé dans sa main.

Mais je vais encore t'expliquer la difficulté d'écrire, O.K. ? Ce matin, par exemple, je viens d'écrire quelque chose et j'en suis très content. Tout à l'heure, je vais donc partir pour l'école le cœur léger, avec le sentiment d'une mission accomplie. Mais ce soir à cinq heures, quand je vais rentrer à la maison, je vais éprouver une petite inquiétude et je vais monter directement dans ma chambre pour relire mes trois pages. Et sais-tu quoi, Marie ? Eh bien, je vais les trouver, c'est certain, bourrées de fautes, de répétitions et de maladresses, un tas de petites choses qui seraient peut-être invisibles pour le lecteur, mais que moi, l'auteur, je détecterai immédiatement et qui me seront insupportables. Alors, il faudra que je réécrive le tout, et que je recommence

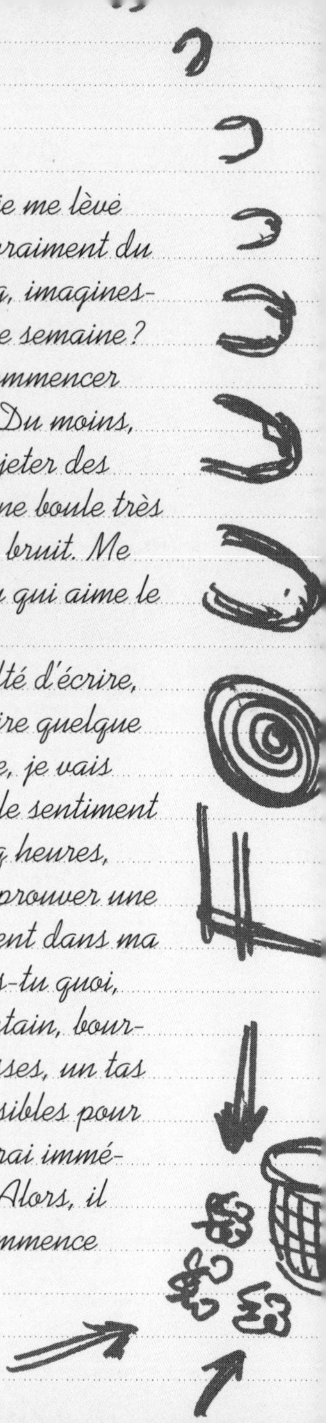

comme ça encore une, deux ou plusieurs fois, ça dépend, jusqu'à ce que je sois complètement satisfait.

Bon, avec tout ça, j'en oublie de te dire qu'hier, pendant la pause, je t'ai vue te chicaner avec Michel. Je n'ai pas entendu toute votre conversation, juste les derniers mots, quand tu as dit qu'il ferait mieux d'aller jeter sa guitare dans le fleuve, mais je t'assure que ça m'a fait un petit velours. Personnellement, je trouve qu'il devrait se jeter dans le fleuve, lui aussi, avec sa guitare. Bon, je vais être en retard à l'école, si ça continue. C'est ce qui arrive quand on dit trop de niaiseries.

Lundi 6 février

Chère Marie.

Je ne sais pas ce que tu en penses, mais moi je trouve que l'école sans Michel, c'est vraiment super. Tout de même, tu aurais pu me laisser m'asseoir à côté de toi ce matin pendant le cours de français, tu avais placé ton sac sur la chaise comme pour m'en empêcher! Heureusement, après, tu es venue me demander si c'était vrai que j'écrivais quelque chose. J'ai bien fait de répondre sans sourciller: «Oui, je suis en train d'écrire un roman», car tu as eu l'air intriguée et tu as dit: «Un roman, mais ça doit être drôlement difficile!» Comme j'étais content de pouvoir te dire: «Oui, c'est TRÈS difficile, ça demande une imagination très spéciale, c'est bien plus compliqué que d'écrire une chanson!» Bien sûr, tu as fait semblant de ne pas comprendre, mais quand j'ai ajouté: «En plus, c'est un roman d'amour», tu as eu l'air très intéressée et tu as demandé: «Est-ce que ça finit bien, au moins?» Ce à quoi j'ai répondu d'un ton évasif: «Ça dépend...»

Je t'explique maintenant le pourquoi de cette réponse un peu floue. «Ça dépend de quoi?» pourrais-tu demander. Eh bien, ça dépend d'une fille ou encore d'une mouette, en fait, ce que je veux dire, c'est que ça ne dépend pas juste de moi. Car tu sais, Marie, un livre, c'est comme la vie. On fait des choses, on découvre des lieux, on rencontre des gens, et on ne sait jamais comment ça va finir, où on va aboutir. Eh bien, c'est ça qui est passionnant. Voilà donc pourquoi, quand cette tache de Blandine est venue nous rejoindre en disant: «Alors, Pierre, quand est-ce que tu nous le fais lire, ton roman?», j'ai répondu: «Seulement quand il sera fini. Pour l'instant, il faut que j'anticipe.» J'ai regardé dans le dictionnaire et «anticiper», ça veut dire projeter dans l'avenir les événements tel qu'on souhaiterait qu'ils se déroulent.

Marie et Pierre
un roman de Pierre Bellerose
Éditions de la Mouette

Marie et Pierre

Debout sur le sable synthétique, Marie observait l'onde.

Ces vagues toujours différentes qui s'en venaient mourir à ses pieds dans un délicieux clapotis, c'était joli. Elle avait beau savoir que les vagues de la piscine naissaient dans une machine, que le gazon et les palmiers du solarium, le parfum iodé de l'air, les dauphins et les requins virtuels qui dansaient à ses pieds, que rien ici n'était vrai, elle ne se lassait pas de ce bercement sans fin.

Marie n'avait jamais vu la mer, mais son ami Michel lui avait promis de l'emmener, lors des prochaines vacances.

Elle se décida enfin à plonger. Lorsqu'elle refit surface, ses longs cheveux blonds lui barraient les yeux. Elle se cambra, lissa ses cheveux en arrière des deux mains, puis s'allongea sur le dos. Livrée aux caprices du courant, Marie se laissa emporter. L'eau était chaude, et il faisait si bon ! Le chant des oiseaux transformait la géode Exotica en une forêt tropicale. Elle ferma les yeux.

À Spartium, tout était si facile en cette année 2071 : on tournait des boutons, on poussait des interrupteurs, et aussitôt les choses s'agençaient à merveille. Chaque matin apparaissait semblable au précédent, chaque être identique à un quelconque être alpha, né d'une éprouvette bêta, un ordre mathématique régnait sur le bonheur. Ce bonheur, c'est le Gouvernement qui le gérait par ordinateur, grâce à un système de fiches que l'on établissait dès la naissance.

Marie soupira, se laissa couler au fond de la piscine et, d'un coup de talon, donna l'impulsion qu'il fallait pour revenir à la surface. Puis elle sortit de l'eau, stationna quelques secondes sous la douche exatron, ce qui eut pour effet immédiat de sécher à la fois son corps, ses cheveux et son galactica, le maillot de bain que portaient toutes les filles de son âge. Le sien était noir pailleté d'or.

Comme elle dégageait les quelques cheveux glissés derrière les oreilles, elle constata que son ÉRO s'était refermé par inadvertance.

Pour ceux d'entre vous qui n'en auraient jamais entendu parler – je crains qu'ils ne soient fort nombreux –, je signale qu'ÉRO est le sigle qui désigne un émetteur-récepteur d'ondes intégré. Situé derrière le lobe auriculaire droit, il permet de communiquer directement par la pensée. En fait, il se présente sous la forme de deux pastilles de métal superposées, pas plus grosses que des touches sur un clavier d'ordinateur.

À l'époque où commence cette histoire, le règlement intérieur interdit le langage articulé dans la plupart des écoles. D'ailleurs, il est fréquent que les citoyens de Spartium se révèlent incapables de communiquer sans ÉRO.

Autrefois, le dispositif était greffé dès l'âge de deux ans, afin que les enfants s'habituent à ne pas parler à tort et à travers. Les nouvelles générations, dont Marie fait partie, en sont pourvues naturellement à la naissance, ce qui rend tout à fait inutile l'usage de la parole.

Marie appuya sur le bouton, et aussitôt un message lui parvint. Elle reconnut l'onde chaude de son amie.

– Dépêche-toi, disait Fabienne. Tu vas encore être en retard au cours d'Agam.

Marie leva la tête. De l'autre côté de la pelouse, Fabienne, revêtue du même galactica, était déjà en train de passer sa tenue d'école, une combinaison de soie blanche avec des lacets aux chevilles et aux poignets.

Son ÉRO désormais remis en service, Marie répondit qu'elle arrivait.

Du même pas élastique, les deux filles se dirigèrent vers le tube.

Ce tube, construit dans un matériau translucide appelé «vectron», jaillissait comme une énorme fontaine creuse à trois branches à l'entrée de la piscine. Marie et Fabienne s'installèrent main dans la main à l'extrémité de l'une des branches, et Marie appuya sur le bouton marqué «Éole». Aussitôt, une soufflerie se mit en place, et hop! aspirées à l'intérieur du toboggan, les deux filles décollèrent.

C'était merveilleux, cette sensation de voler. Marie avait beau connaître le trajet par cœur, elle ne s'en lassait pas. Chaque fois, des larmes de joie lui venaient, tant le spectacle était grandiose.

Elles survolèrent tout d'abord le dôme étincelant d'Exotica, puis des tours aux formes toutes différentes. Ce que Marie préférait, c'était le quartier Fruit, où les habitations avaient des formes d'oranges, de pommes, de poires, de fraises géantes qui s'empilaient et dont les couleurs évoluaient au fil des saisons. On était à la fin de l'hiver, et de délicats pétales roses ou blancs commençaient déjà à orner les façades.

Au-dessus du centre-ville, le réseau des tubes devenait très dense : une centaine de couloirs aériens y tissaient leur toile. L'un d'eux, celui qui conduirait à la mer, était en construction.

Tout à coup, l'horizon se peupla d'un vol d'oies sauvages. Marie ne put retenir un cri d'effroi : les oiseaux n'allaient-ils pas s'écraser sur la paroi du tube ? Non, car, d'un mouvement d'ailes aussi rapide qu'élégant, ils plongèrent vers la rivière, dont le ruban bleu scintillait en contrebas.

Enfin, elles abordèrent la phase de descente vers le quartier Sciences et son architecture de mégapole dédiée au dieu Géométrie : tours implacablement parallélépipédiques, artères disposées à quatre-vingt-dix degrés, places parfaitement circulaires.

De même que toutes les écoles de Spartium, celle de Marie était structurée comme un atome, avec un noyau et des ascenseurs qui partaient dans toutes les directions.

Le noyau contenait le gymnase. Chaque ascenseur conduisait à une salle de classe. Énorme bulle de vectron, celle-ci s'orientait en permanence selon la course du soleil afin de profiter le plus possible de la luminosité.

– Hum, toujours un peu décevant de retrouver la terre ! fit Marie dans son ÉRO en essayant de remettre de l'ordre dans sa chevelure.

– C'est idiot, dit Fabienne, je n'arrive pas à m'habituer à l'atterrissage.

– Moi, j'aimerais bien passer ma vie là-haut, à circuler de planète en planète ! reprit Marie qui rêvait de devenir astronaute.

– Pour le moment, il s'agit d'entrer au cours d'Agam, fit Fabienne en la poussant doucement dans le dos. Allons, du courage !

Fabienne fit coulisser la porte, et les filles se glissèrent dans la classe. Vingt-quatre postes de travail, régulièrement disposés sur toute la surface de la sphère, étaient proposés au choix des élèves.

Je vous vois hocher la tête, l'air de dire : il perd la boule. Y aurait-il des élèves placés la tête en bas ? Je réponds : oui, parfaitement. Agam, le prof de STÉ (Sport et Techniques Évolutives), animait tous les matins une séance d'exercices en état d'apesanteur. Le reste du temps, évidemment, la moitié des sièges restaient vides.

Une précision concernant l'ÉRO : l'ennui, avec ce système, c'est que tout le monde connaissait vos pensées. Au cours de STÉ, cela pouvait vous créer de sacrés problèmes, aussi Marie et Fabienne avaient pris l'habitude de jongler avec le modulateur. Mais il fallait le faire sans qu'Agam ne s'en aperçoive, sinon il piquait de ces colères...

Les autres élèves étaient déjà installés à leurs places, la tête droite, devant leur écran en couleur, et, sur chaque clavier, des mains agiles pianotaient des équations qu'il fallait résoudre en moins de deux minutes. Face à l'écran central qui lui était réservé, Agam au crâne rasé vérifiait le travail de chacun. Il adressa une grimace à Marie et Fabienne et leur fit signe de se placer non loin de lui.

– Puisque nous voici enfin au complet, émit l'onde glaciale d'Agam, je commence le cours. Je vous préviens, cette leçon n'est pas facile. Nous allons aborder la notion de logarithme, une fonction formidable, omniprésente dans l'univers.

Et là, il présenta à la vue des élèves un minuscule disque de métal argenté :

– Voyez-vous cet ÉRO ? Mes chers enfants, ceci est un modèle spécial, appelé « logarithmique », parce que les décharges électriques qu'il fait naître obéissent à une loi de ce type. Regardez bien : je le dépose sur mon ÉRO naturel. Pas de problème, il se fixe par simple contact.

Joignant le geste à l'émission, il effleura la base de son oreille droite. Tout en énonçant ce qui suit, il faisait pivoter délicatement l'ÉRO sur sa base métallique.

– Pour une toute petite maladresse, disons une faute mineure, je vous enverrai le premier niveau de l'échelle des logarithmes, c'est-à-dire ceci – Marie et les autres sentirent une minuscule piqûre d'insecte leur traverser les tempes--, alors qu'une grave erreur vous vaudra le niveau sept de la même échelle – Marie crut qu'elle allait s'évanouir de douleur, tant l'onde qui suivit était chargée d'une force brutale.

Imperturbable, Agam poursuivait :

– Ne vous plaignez pas, je pourrais aller jusqu'à neuf… À ce stade-là, même un animal ou – imaginons l'impossible – un être dépourvu d'ÉRO ressent une douleur si intense qu'il peut en…

Agam s'interrompit une fraction de seconde, puis :

– Est-il meilleure illustration de la progression logarithmique ? Non, évidemment. Et maintenant, passons à la théorie.

Il introduisit le logiciel dans le micro et les explications envahirent l'écran central. Comme toujours, Marie avait décroché au bout de deux phrases.

C'était plus fort qu'elle : il lui fallait plus de temps que les autres pour saisir la règle, et, généralement, ses calculs étaient faux. Chaque fois qu'il le pouvait, son ami Michel lui envoyait la bonne réponse, mais ce n'était pas facile, avec Agam qui interceptait tout.

Soudain la porte de la classe livra passage à quelqu'un. C'était un garçon, un garçon aux cheveux trop longs noués en queue de cheval. Il portait non pas la tenue réglementaire, mais une bizarre salopette de toile bleue. Aux fesses et aux genoux, la teinte originelle avait sérieusement pâli.

«C'est amusant» pensa Marie, tout en observant les deux pièces de tissu qui, sur chaque jambe, mettaient une note de fantaisie supplémentaire à cette tenue déjà peu ordinaire : à gauche, on avait cousu un oiseau gris et, sur la cuisse droite, s'étalaient les cinq lettres M-A-R-I-E. Elle remarqua aussi la poche kangourou, où un objet de forme oblongue dessinait une petite bosse. « Une arme ? pensa Marie. Il n'a pourtant pas l'air d'un chef de gang. »

Sans hésitation, le garçon s'approcha d'Agam et, à la surprise générale, il ouvrit la bouche et se mit à parler.

– Qu'est-ce qu'il dit ? envoya Fabienne à Marie. J'ai du mal à comprendre.

– Moi aussi, j'ai du mal, il parle vite. Je crois que c'est un nouvel élève.

– Un nouveau ? On n'en avait pas eu, cette année. Il va s'amuser, avec Agam.

Mais Agam était déjà en train de réagir. Son émetteur monté au maximum, il apostropha le nouveau.

– Apparemment, tu ignores les usages en vigueur. La parole est interdite ici. Mets ton ÉRO en marche pour répondre à mes questions.

Comme le garçon ne semblait pas comprendre, Agam reprit :

– Allons, vite, pas de rébellion.

Puis il avança une main aussi sèche qu'une pince et, avec une violence inattendue, il se mit à fourrager dans la chevelure du nouveau.

– Aïe ! vous me faites mal, dit l'autre.

– C'est i-ni-ma-gi-nable, dit Agam d'une voix d'aluminium, en épelant chaque syllabe avec difficulté. Où est passé ton ÉRO ?

– Je n'en ai pas, dit l'autre. Je n'en ai jamais eu.

– C'est la première fois que j'entends la voix d'Agam, dit Fabienne.

– Je préfère celle du garçon, répondit Marie. Tu as vu, il a réussi à le déstabiliser.

– Attention ! fit Marie, son ÉRO est toujours branché.

Les filles firent mine de se pencher sagement sur leur écran.

– C'est trop fort, reprit Agam, furieux. Voilà qu'on m'envoie des hommes des cavernes, à présent !

À son tour, citant le premier chapitre du cours de STÉ, Michel intervint :

– Il y a des lois, et chacun doit se conformer au règlement : cheveux et vêtements uniformes, ÉRO en parfait état de marche.

Agam continua :

– Si le Gouvernement se donne tant de mal pour nous, ce n'est pas pour que des anarchistes sèment le désordre à Spartium. Êtes-vous heureux, les enfants ?

– Oui, hurla Dominique, la fille la plus stupide de la classe.

Son onde transperça comme une vrille le cerveau de Marie qui, soudain, eut très mal à la tête.

– Bien bien, fit Agam. Je vois que nous sommes d'accord. Tous pareils, n'est-ce pas ?

«Je ne sais pas si c'est juste», pensa Marie, mais Agam lui envoya une décharge fulgurante et, tout à coup, plus moyen d'avoir les idées claires.

Il se tourna alors vers le garçon et rugit :

– Alors ? Le message est bien reçu, j'espère. Dès demain, on se présente en tenue correcte, sinon c'est l'exclusion. Compris ?

Agam désigna un poste de travail au nouveau et la séance reprit.

– J'ai mal au cœur, fit Marie à Fabienne.

– Tu es trop sensible, n'y pense plus, répondit son amie.

Mais Agam, qui avait intercepté le message, leur envoya deux secousses force cinq.

– Je hais les logarithmes, dit Marie.

Comme elle faisait pivoter sa chaise mobile, elle vit que le nouveau avait sorti l'objet qui gonflait sa poche. Il l'avait posé sur son poste de travail. En effet, cela ne ressemblait pas à une arme, mais sait-on jamais ? C'était une sorte d'étui fin et lisse, de forme parallélépipédique tout à fait démodée. Quant à la matière, parfaitement opaque, on aurait dit du plastique, ou peut-être du bois, cette substance que l'on utilisait autrefois pour fabriquer des meubles. Avec les matériaux évolutifs, cela faisait bien longtemps que l'usage en était perdu. Bref, un drôle de truc, conclut Marie, avant que les deux amies ne pensent en même temps: cet objet s'apparentait à la catégorie «jamais vu».

La cantine, située au dernier étage du cristal, dominait la partie ouest de la ville et ses structures rectilignes. Ce jour-là, tous les élèves de l'école déjeunaient à la même heure.

– Je mange à la table de mes amis, je te rejoindrai ensuite, fit Michel à l'intention de Marie.

– Michel devient bizarre, tu ne trouves pas? dit Marie à Fabienne.

– Je n'osais pas te le dire, mais, depuis qu'il fréquente cette bande, je trouve qu'il a changé, dit Fabienne. Je ne comprends pas ce qu'il leur trouve. Ils passent leur temps à réciter le règlement... Est-ce que Michel fait encore de la musique?

– Plus depuis longtemps, soupira Marie.

Leur plateau chargé des plats habituels – salade planctonique, poudre essentielle et rondeau de pieuvre –, elles cherchèrent du regard des places libres. Seul à une table, le nouveau leur fit signe.

Sans demander l'avis de Fabienne, Marie se dirigea vers lui et s'installa. Après une seconde d'hésitation, Fabienne fit de même.

– Je me présente, dit le garçon d'une voix claire. Je m'appelle Pierre. Est-ce que vous arrivez à me suivre ?

– Oui, si vous parlez lentement, fit Marie avec un sourire. Il faut nous excuser, nous n'avons pas l'habitude.

– Je suis Fabienne. Et mon amie s'appelle Marie. On peut dire «Mar» aussi.

– Mar ? reprit Pierre d'un air surpris. C'est presque «mer» en français.

– Vous connaissez le français ! firent en même temps les deux filles. Mais c'est interdit, on n'a droit qu'au terrien, la langue universelle.

– Bah, si l'on devait obéir à toutes les lois stupides, la vie serait un enfer.

Il se pencha vers elles et, d'un air taquin, murmura :

– Que désire le Gouvernement ? Des citoyens heureux. Eh bien, j'obéis : grâce au français, je suis heureux parce que j'apprends l'histoire, mon histoire, sans passer par les manuels officiels qui ne disent pas toujours la vérité.

– Je n'avais jamais pensé à tout ça, dit Marie d'un air rêveur. Vous avez peut-être raison.

Un ami de Fabienne s'approcha de leur table. Fabienne fit les présentations, puis salua et partit avec lui.

– Tutoyons-nous, reprit Pierre. Je t'ai vue à la piscine, ce matin. Il est très beau, ton galactica.

– Tu trouves ? dit Marie.

– C'est le plus joli que j'aie jamais vu.

– Je te remercie. C'est la première fois qu'on me dit ça. Ici, on ne dit pas des choses comme ça aux filles.

– Tu sais, fit Pierre, j'ai l'impression de t'avoir déjà rencontrée quelque part, mais je ne sais pas où.

– Je n'osais pas te le dire, mais j'ai moi aussi cette sensation. C'est très étrange, comme si nous avions déjà vécu des choses ensemble.

– Quelles choses ? Que veux-tu dire ?

– C'est très flou dans mon esprit. Des aventures, des voyages, je ne sais pas exactement.

– Moi, je peux te donner des précisions. Ça me rappelle les livres d'histoire dont je t'ai parlé. Il y a des gens qui émigrent, des pirates, un grand voilier, des oiseaux de mer... Une mouette qui va et vient...

– On dirait que tes mots sont vivants... Oh ! Mais c'est une mouette télécommandée !

– Non, elle est apprivoisée, c'est bien différent.

– Ça veut dire quoi, « apprivoisée » ?

– C'est long à expliquer. Il faut beaucoup d'amour pour apprivoiser.

– Amour ? C'est quoi, ce mot ?

– Je t'expliquera plus tard.

– En même temps que tu parles, ma tête se remplit d'images. Et pourtant, je n'ai jamais vu la mer...

– Ce n'est pas tout. Il y a aussi toute une affaire, très compliquée celle-là. Un avion, non, des avions, des parachutes, tu sais, ces espèces de sacs qu'on utilisait autrefois pour voler de haut en bas...

– Oui, fit Marie, maintenant je les vois, c'est vraiment incroyable. Je ne pensais pas que cela était possible.

Elle se tut un moment, puis jeta un coup d'œil sur sa montre. Michel n'allait pas tarder à revenir. Il n'apprécierait certainement pas de la voir en compagnie de Pierre. Elle se pencha vers lui :

– Est-ce que je peux te demander quelque chose ?

– Oui, bien sûr.

– Je voudrais que tu pardonnes à Michel de t'avoir si mal accueilli. Tu comprends, c'est mon ami et, en ce moment, Agam est en train de le manipuler. Michel n'est pas vraiment méchant. Enfin, il ne l'était pas, mais j'ai peur qu'il ne le devienne. Promets-moi, quoi qu'il arrive, de ne jamais lui faire de mal.

– Je te le promets, souffla Pierre dans un profond soupir.

* * *

L'après-midi s'annonçait particulièrement chaud, et la classe était prise d'une torpeur générale. Une seule chose semblait fasciner Marie et ses camarades : l'objet de Pierre. En fait, cet objet était tout simplement une boîte. Que contenait-elle ? Mystère. Pierre, qui avait bien saisi l'effervescence qu'elle suscitait, joua avec elle pendant des heures. Tout d'abord, il la fit glisser sur son nez, puis il la promena le long de son bras. Enfin, tout en accompagnant son geste d'incroyables grimaces, il fit mine de l'ouvrir, mais il s'employa chaque fois à l'entrebâiller si peu et à la refermer si rapidement qu'on n'y vit que du feu.

Ce jour-là, personne ne s'intéressait à la séquence « Promenade de ville en ville », qui, au moyen des sempiternelles images virtuelles que les élèves connaissaient déjà par cœur, devait les conduire dans les plus belles cités du monde. Mais la prof d'histoire, une femme aux manières vieillottes, avec un chignon gris et des lunettes papillon, ne s'apercevait de rien. Elle-même avait d'ailleurs sérieusement tendance à somnoler l'après-midi. Elle était très myope et très indulgente, tout le contraire du prof de STÉ.

Michel, comme les autres, observait Pierre. Mais son manège l'agaçait plus que les autres. À son bureau, la prof se mit à «ronfloter»: on pouvait désormais communiquer en toute liberté.

«Il n'est vraiment pas net, ce type», pensa Michel si fort que toute la classe – pas Pierre, évidemment, puisqu'il n'avait pas de récepteur – se tourna vers lui.

– C'est vrai qu'il est bizarre, fit Dominique.

– Il n'est pas de chez nous, reprit Michel. Il n'a rien à faire ici.

Marie voulut argumenter, mais on la fit taire – enfin, on tenta de brouiller ses pensées.

– Il n'a qu'à se plier aux lois. Sinon, il s'exclut de lui-même.

– À l'hôpital Central, on fait des greffes d'ÉRO. Ma cousine y est allée, elle n'en est pas morte, fit Dominique.

– Pourtant, c'est agréable de parler, risqua timidement Marie.

– Agréable! Ah, ah! ne me dis pas que la parole est une chose positive. On s'abîme les cordes vocales, on consomme trois fois plus d'oxygène, on perd un temps fou, alors qu'il y a tant à faire! Émettre de pareilles âneries à notre époque, alors que la communication intégrée est si parfaitement adaptée, c'est quelque chose !

– Si le système tombe en panne, on est bien obligé de parler, dit Fabienne.

– Dans ce cas, il suffit de consulter un érologue. Non, non, on nous l'a assez expliqué : parler, c'est brasser du vide. Être moderne, c'est être rentable. Et pour cela, il faut que le Gouvernement puisse nous aider à penser. Toi, Fabienne, et toi, Marie, et vous, les autres, et même cet idiot, qui ne nous entend pas en ce moment, sans le Gouvernement, vous ne seriez rien. La parole, comme le rire, est une mauvaise chose, une survivance d'un passé où l'humanité n'était pas heureuse.

– Pourtant, reprit Florence, une fille avec des taches de rousseur sur le nez, j'ai entendu dire qu'il fallait rire. Ils l'ont annoncé à la chaîne 2071, à l'émission médicale.

– Oui, c'est vrai, dirent les autres. Il faut rire quelquefois.

– Cinq minutes par jour, pas davantage. C'est nécessaire, sinon la poudre essentielle est mal assimilée. Mais jamais le Gouvernement ni la chaîne 2071 n'ont dit que parler était une bonne chose.

Tout à coup, la prof entrouvrit un œil et sourit à son tour sans savoir pourquoi. Pierre fit disparaître promptement la boîte au fond de sa poche.

«Moi, ce type m'exaspère, pensa Michel à mi-onde. Il ne perd rien pour attendre. D'ailleurs, je n'aime pas attendre, et le plus tôt sera le mieux.»

Lorsque la prof les libéra enfin, Michel avait son idée.

D'ordinaire, à la fin des cours, il raccompagnait Marie jusque chez elle, à la tour Pomme. Cette fois, il prétexta qu'il avait oublié quelque chose à l'école pour l'informer qu'il la rejoindrait plus tard.

– D'accord, soupira la jeune fille, je prends le tube, comme d'habitude.

– Attends-moi à l'arrivée, je ne tarderai pas.

À son tour, Pierre s'approcha d'elle et, sans savoir pourquoi, elle dit :

– Je prends toujours le 51 pour rentrer chez moi.

– À demain, répondit Pierre avec un sourire.

* * *

Avec la discrétion d'un chat sauvage, Michel s'introduisit dans la salle des armoires. C'était une petite pièce borgne et nue, dont les murs portaient les casiers des profs. Lorsque l'on entrait, on était saisi par une forte odeur de poussière, même si les deux vasistas étaient abaissés. Le casier d'Agam était verrouillé, mais ce n'était pas un problème pour Michel : le chaton de sa chevalière envoya l'onde qu'il fallait et la porte s'ouvrit : ce qu'il espérait trouver était bien là. Il s'en empara et, d'un geste précis, le fixa sous son oreille gauche.

La main posée sur la bordure du trottoir roulant qui le ramenait chez lui, Pierre sifflotait un air. Il était déconcerté par cette nouvelle école, qui ne ressemblait en rien à celles qu'il avait connues là-bas, près de la mer. Mais, en cette belle fin de journée, l'altercation du matin était oubliée et c'est le visage de Marie qui lui revenait sans cesse. Les cheveux de Marie, la couleur de ses yeux lorsqu'il avait dit : « Mira n'est pas télécommandée, elle est apprivoisée... »

Soudain, sans qu'il l'ait vu arriver, Michel se trouva à ses côtés.

– Salut, fit Pierre à voix nue.

Mais Michel n'était pas quelqu'un de parole.

– J'ai pensé que tu aurais envie d'explorer les logarithmes, fit Michel.

Et, sans plus attendre, il lui envoya coup sur coup deux décharges force neuf.

Dès la première secousse, Pierre chancela. S'il ne tomba pas, c'est parce qu'il se retint de justesse à la bordure de vitron. Michel, d'un bond, fut sur lui. À ce moment, Pierre aurait pu lui balancer une droite magistrale en pleine figure : des années de boxe avaient fait de lui un athlète vif et précis. Il armait

son bras pour riposter lorsque la promesse faite à Marie lui revint. Il hésita, et la seconde décharge le cueillit, bientôt suivie d'une troisième. Il s'évanouit.

Marie était en train de distribuer de la poudre essentielle aux moineaux du quartier lorsque Michel surgit devant elle, un peu essoufflé mais souriant.

– Déjà? fit Marie, étonnée. Comment es-tu arrivé ? Tu n'as pas pris le 51 ?

– Non, j'ai préféré le trottoir roulant, j'avais une course à faire. Il porta la main à sa poche et en tira l'objet mystérieux.

– Tiens, j'ai un cadeau pour toi.

– Oh ! fit Marie.

Puis elle se reprit :

– C'est le truc de Pierre.

– Je te le donne.

– Me le donner ? Mais il n'est pas à toi.

– Il ne l'était pas. Mais nous avons fait un marché. J'ai échangé un cours de maths contre ça. Regarde comme c'est joli, insista Michel en entrouvrant la boîte.

– Un cours de maths ?

– Oui, les logarithmes, tu sais bien. Après ce qui s'est passé ce matin, Pierre veut se faire bien voir d'Agam. Grâce à moi, il sera au point demain, tu peux me croire.

Marie se leva, secoua du revers de la main les restes de poudre éparpillés sur sa combinaison et prit la boîte que Michel lui tendait grande ouverte. Un objet inconnu y était couché sur un coussinet de velours rouge, un objet effilé, long comme la main de Marie, merveilleusement lisse et translucide.

– Je te remercie, c'est très joli. Maintenant, il faut que je rentre. Alors, c'est bien sûr, tu me le donnes ?

– Mais oui, je t'assure, il est à toi.

L'objet à la main, elle s'apprêtait à tourner les talons, mais il la retint par les poignets.

– Un pareil bijou, ça mérite bien un baiser, non ?

Lorsqu'elle poussa la porte de l'appartement 39431, au centième étage de la Pomme, Marie n'avait qu'une idée en tête : élucider le mystère qui entourait l'objet.

Toute la famille était déjà réunie pour le dîner et le truc obtint un franc succès.

Le père, tout d'abord, le saisit délicatement par l'extrémité la plus fine et le fit pivoter sur lui-même. Puis il l'éleva au-dessus de lui, de façon à le placer dans la lumière crue de l'halogène, cligna des yeux et fit la grimace. Non, même dans le laboratoire Matériaux et Systèmes, où il exerçait depuis des années la fonction de chef des travaux, on n'avait jamais vu ça. Pourtant, toutes sortes d'outils étranges, certains venus du bout de l'horizon – et même souvent d'autres planètes –, lui étaient passés entre les mains, mais là, il hocha la tête, et son ÉRO demeura, si l'on peut dire, silencieux.

La mère de Marie, elle, avança des hypothèses plus amusantes que probables : elle proposa tour à tour une aiguille d'acupuncture, un pic à glace, un grattoir pour nettoyer la terre autour du yucca. Quant à Antoine, le petit frère, ne trouva-t-il rien de plus comique qu'un numéro de majorette, où le truc jouait le rôle de la baguette.

Scandalisée, Marie le lui arracha des mains et, si tout cela ne se termina pas par une bataille, c'est parce que la mère y mit bon ordre.

Marie était bien déçue, ce soir-là, lorsqu'elle se mit au lit. Elle s'endormit en pensant à Pierre. Lui poser directement la question était, bien sûr, la façon la plus simple de connaître le fin mot de cette affaire. Mais – Marie soupira –, pour cela, il fallait attendre le lendemain.

Le lendemain, Marie eut la mauvaise surprise de constater que Pierre n'était pas au cours d'Agam.

– Il a compris qu'il valait mieux pour lui de réintégrer son ancienne école, ricana Michel.

Michel semblait étrangement joyeux et, dès le début du cours, il se fit remarquer : Agam ayant oublié son ÉRO logarithmique dans son casier, Michel lui proposa d'aller le chercher. Marie eut beau l'exhorter de toute la force dont son ÉRO était capable, rien n'y fit. Il obéit à Agam et, même, Fabienne fit observer à Marie qu'il était de retour en un temps record.

– Concentrez-vous, leur envoya Agam qui ne perdait rien des pensées de ses élèves.

On était en apesanteur et Marie, un gobelet vide à la main, volait au-dessus des pupitres : la séance

«Remplir un verre dans l'espace» consistait à aller à la rencontre d'une boule d'eau qui, facétieuse, se refusait à réintégrer son récipient d'origine. Chaque fois que Marie avançait la main, Agam changeait l'inclinaison de la salle de classe, et le sens de l'orientation lui échappait. Quant à la boule, elle volait, volait.

Comme toujours, c'est Michel qui, le premier, réussit l'exercice. Il brandit son verre en direction de Marie et fit mine de boire à sa santé.

– Bien, fit Agam. On passe à autre chose.

Sans prévenir, il rétablit la pesanteur normale, ce qui se traduisit, pour la plupart des élèves, par un contact douloureux avec le sol.

Marie, qui venait d'atteindre sa boule d'eau et la tenait calée au creux de sa main, atterrit sans mal mais complètement trempée. Elle eut tout juste le temps de penser «douche exatron», et Agam, qui pouvait difficilement faire autrement, émit l'autorisation de sortie.

C'est après la douche que Marie eut une idée géniale : Papillon, la prof d'histoire et de géo !

Grâce aux images virtuelles, Papillon connaissait l'univers par cœur et, à coup sûr, elle saurait identifier l'objet !

Marie jeta un coup d'œil dans la salle des armoires et aperçut Papillon en train de mettre de l'ordre dans son casier.

– S'il vous plaît, est-ce que je peux vous montrer quelque chose ? risqua Marie.

– Bien sûr, mon petit, fit Papillon, qui était la gentillesse même.

– On m'a offert ce truc, mais personne ne sait ce que c'est.

– Oh, on dirait... mais c'est une...une plume ! s'exclama Papillon.

Et de stupéfaction, la moitié de son chignon se déroula. Mais elle n'y prit pas garde et poursuivit :

– Comme elle est jolie ! D'où vient-elle ?

– C'est un cadeau. On vient de me l'offrir. Mais personne n'en connaît l'origine.

– C'est bien curieux, fit Papillon en observant le truc sous toutes ses coutures.

Puis elle continua :

– Oui, c'est bien une plume. Il s'agit d'un objet de grande valeur, tu sais, prends-en le plus grand soin. Je ne suis pas étonnée que personne n'ait pu te renseigner, car il s'agit d'un objet très ancien. Sais-tu qu'autrefois, lorsque le clavier n'existait pas, on se servait d'une plume comme celle-ci pour écrire ? Hé oui, tu as sous les yeux l'un des ancêtres de nos claviers modernes, l'instrument qui a donné naissance aux romans d'amour, il y a de cela fort longtemps : une plume, une simple plume... toute la littérature – autant dire le monde des émotions – s'en est trouvée bouleversée. Et aujourd'hui, l'usage s'est perdu...

Une larme se mit à couler sur la joue de la vieille dame, qui l'essuya bien vite.

Marie l'aida à refaire son chignon, puis elle s'excusa et, le cœur battant, regagna la salle de classe.

* * *

C'est au cours de la phase ascensionnelle à l'intérieur du tube 51 que Marie aperçut l'oiseau. Elle fut tout de suite intriguée, car, dès son apparition dans le champ visuel, oui, dès que le petit point surgit d'on ne sait où, elle eut l'intime conviction qu'il ne s'agissait pas d'une oie sauvage égarée. Non, c'était autre chose. «Un oiseau de mer» pensa Marie immédiatement. Pourtant, la mer n'était pas si proche et, Marie le savait bien, les oiseaux marins ne fréquentaient guère Spartium, surtout en cette saison. Elle suivit son vol des yeux avec émotion, une émotion étrange car, après tout, un oiseau, même marin, n'est jamais qu'une petite bête folle et, lorsque l'on se prénomme Marie, que l'on est une jolie fille de quinze ans en train de planer en 2071 au-dessus de Spartium, il n'y a pas lieu de s'arrêter à la moindre plume qui vole au vent. Enfin, Marie était peut-être légèrement fatiguée ou bien l'absence de Pierre au cours lui travaillait l'esprit.

On eût dit que l'oiseau venait volontairement à sa rencontre, car il atteignit le sommet du tube en parfaite synchronisation avec elle. Elle eut le temps d'identifier une mouette. Oui, c'était cela, une mouette de l'espèce rieuse, un oiseau comme elle avait pu en observer cent fois sur son écran, mais qu'elle n'avait jamais vu en chair et en os. Il lui sembla que le bec était refermé sur quelque chose. Il ne s'agissait ni d'herbe ni de brin de paille, car cela scintillait au soleil. Un élan de curiosité la poussa à forcer son attention. Mais elle n'eut pas le loisir d'identifier le fardeau, déjà l'oiseau avait disparu.

Le vol jusqu'à Pomme durait quinze minutes et elle oublia vite sa vision. Or, reprenant pied sur le gazon synthétique, Marie aperçut quelque chose qui brillait à ses pieds. Elle se baissa. Ce n'était qu'un tube, un petit tube de métal. Il devait contenir des pilules contre la migraine ou ce genre de choses. D'ailleurs, une étiquette indiquait la provenance : « Hôpital Central ». Comment ce tube avait-il atterri là?

Elle le secoua, il semblait vide. Par zèle, elle se décida à l'ouvrir. Surprise ! Il contenait un morceau de papier roulé. Elle le déroula et découvrit une suite de pictogrammes maladroitement esquissés.

«Des hiéroglyphes,» aurait dit Papillon. Que signifiait ceci ? Marie glissa le papier dans sa poche, près de l'objet, et rentra chez elle.

Elle ne dormit guère cette nuit-là, mais elle s'usa les yeux à essayer de déchiffrer le message. Car, Marie en était certaine, il s'agissait d'un message qui lui était destiné. Il y avait quatre groupes de signes. La seule chose que l'on pouvait lire à peu près distinctement, c'était une suite de chiffres : 4, 2, 1, 0. Que signifiaient ces chiffres ?

Cent fois, elle eut envie de déchirer le billet. À minuit, elle le mit en boule et l'envoya voler à travers la chambre. Mais, une seconde plus tard, elle se levait pour le tirer de la corbeille à papier. Une histoire pareille, cela ne lui était jamais arrivé. Quelque chose lui disait que le message était important, vital peut-être, et Marie n'était pas du style à laisser tomber une recherche inachevée. Cette nuit-là, quelques-uns de ses longs cheveux eurent à pâtir de ses recherches.

Vers une heure, elle sortit de sa chambre et se glissa dans le bureau familial. Là, elle composa le code HÊRAKLÊS sur le cadran et colla la feuille sur l'écran. Hélas, «OBJET INCONNU. LECTURE IMPOSSIBLE.

ABANDON DE L'OPÉRATION» fut l'unique réponse que l'ordinateur le plus puissant de Spartium fut capable de lui transmettre !

Au matin, elle s'endormit enfin. Elle eut un sommeil agité. Au cours d'un rêve bizarre, où Michel et Pierre se battaient en duel, des cris d'oiseau lui déchirèrent les tympans. Lorsqu'elle se réveilla, elle saisit le billet et, elle ne comprit jamais comment, à la vitesse de l'éclair, les chiffres puis les lettres lui livrèrent leur secret, comme s'ils parlaient, oui, c'est le mot, ils se mirent à lui parler : 4210, il s'agissait d'un numéro de chambre ! Et le reste était clair : HÔPITAL CENTRAL. CHAMBRE 4210. PIERRE.

Il était encore tôt, ce jour-là, lorsque, sur l'écran «Visiteurs» placé au-dessus de son lit d'hôpital, Pierre aperçut la silhouette familière de Marie.

Bientôt, la jeune fille elle-même apparaissait à l'entrée de sa chambre.

– Je te rapporte quelque chose, murmura Marie.

D'un geste un peu fatigué, il lui fit signe de s'asseoir sur une chaise, près de son lit.

Puis, à son tour, il se redressa, et Marie l'aida à se caler contre les oreillers.

– Alors, tu es venue, reprit Pierre.

Marie tira la plume de sa poche et la lui tendit :

– Michel prétend que tu la lui as donnée, mais je pense qu'il ment. Elle est à toi, je te la rends.

Pierre prit la plume et la posa sur le drap, devant lui. Il avait de grands cernes sous les yeux et ses mains étaient presque aussi pâles que le drap.

– J'ai failli mourir, tu sais, reprit-il.

– Je pense que j'ai compris, dit Marie. Tu dois m'en vouloir. Je vais m'en aller.

– Non, fit Pierre, reste un peu. À présent, je suis tiré d'affaire. Je vais te montrer quelque chose.

Sans se lever, il saisit une feuille de papier et une bouteille sur la table de nuit.

– Regarde bien, dit Pierre.

Et, sous l'œil médusé de Marie, il trempa la plume dans la bouteille et se mit à tracer des jambages sur le papier.

– Oh ! fit Marie, quels dessins étranges !

– Ce sont des lettres manuscrites. On en fait des mots, comme ceux que tu as dû lire pour retrouver ma trace.

– J'ai eu beaucoup de mal, fit Marie. J'ai encore la migraine rien que d'y penser.

– Ça ne m'étonne pas, dit Pierre, ce n'est pas une chose facile. Mais si tu en as vraiment envie, je pourrai t'apprendre à écrire à la main.

– J'aimerais bien, soupira Marie, mais je n'y arriverai jamais.

«Hi, hi!» fit la mouette qui venait de se poser sur le bord de la fenêtre.

* * *

– Que se passe-t-il? demanda Pierre réveillé en sursaut.

Il ouvrit un œil, puis l'autre.

Une semaine s'était écoulée depuis la première visite de Marie, mais beaucoup d'autres séances avaient suivi. Beaucoup de progrès aussi. Si Marie n'était pas ce qu'il est convenu d'appeler une «surdouée» – expression qui m'a toujours donné de l'urticaire –, Pierre en revanche se montra un professeur d'une patience angélique. Jamais il ne manifesta de mauvaise humeur face à la maladresse de Marie qui, au début, mérita cent fois le titre de «championne des pâtés». Sans parler du jour où elle renversa l'encrier sur les draps!

– Toi, tu es si calme que tu pourrais enseigner aux animaux, s'écria Marie.

À quoi, avec un fin sourire, Pierre répondit :

– Te souviens-tu du jour où je t'ai dit qu'apprivoiser était un art ?

* * *

Il y eut chez Marie la phase « hiéroglyphes », puis la phase « pattes de mouche ». Enfin, depuis la veille, le professeur estimait que l'élève commençait à avoir, suivant ses mots, « une écriture lisible ».

En se posant sur le drap, Mira l'avait arraché à sa sieste. Pierre se frotta les yeux. Son amie tenait un billet dans son bec.

«C'est trop fort, pensa Pierre. Voilà que tu portes les messages des autres, à présent.»

Il ôta la feuille du bec de Mira et il lui sembla reconnaître le papier bleu que Marie utilisait pour s'exercer.

«Allons, se dit-il, ce ne peut pas être elle. Il est encore trop tôt pour qu'elle se lance seule dans l'écriture d'une lettre.»

Tout de même, ce papier ressemblait au sien à s'y méprendre...

Il déplia la feuille et commença à déchiffrer. C'était bien l'écriture de Marie, mais il ne saisit pas tout de suite ce qu'il était en train de lire. Un moment, il crut que lui, le professeur d'écriture, il n'y arriverait pas, tant les lettres dansaient devant ses yeux.

Trop, trop beau, trop grand, trop fort. C'était donc cela, le bonheur? Une vague immense, qui emporte loin, qui fait de vous un énorme cœur vibrant comme des ailes de mouette? Il avait tant souffert, et cette tempête qui le bouleversait était si violente tout à coup. Violente et agréable, comme l'envie de vivre qui le submergeait.

Et même après qu'il eut terminé, il resta immobile un long moment, la tête posée sur le drap, comme assommé de bonheur.

Voici ce que disait le message :

> «Il était une fois une mouette sans plume. Pauvre bête! Elle restait là, effarouchée, incapable de s'envoler. Un garçon qui passait par là la recueillit, l'apprivoisa. Puis, il lui offrit une jolie plume.
>
> Lorsque, pour la première fois, la mouette réussit à s'envoler de ses propres ailes, à inscrire dans le ciel son langage d'oiseau ivre de liberté, ce fut un instant merveilleux. Ensuite, elle descendit se poser sur la main du garçon. Celui-ci ne bougeait plus: il avait eu le temps de lire les mots qu'elle avait écrits dans l'air.
>
> Est-ce que tu m'aimes aussi?»